Ganador del Premio YALSA a la Excelencia en No Ficción para Jóvenes Adultos

El mejor libro infantil del año según *Kirkus Reviews*

"[Rex] Ogle relata sus experiencias infantiles de sexto grado en esta autobiografía que narra las consecuencias punitivas de la pobreza y la violencia sobre él y su familia . . . Ogle equilibra los persistentes destellos de brutalidad insertando magníficamente brotes de esperanza . . . [Un] equilibrio logrado por la prosa excepcional y refinada del autor, y su buen ojo para la verdad penetrante. Este es un poderoso retrato de la pobreza en medio de la crueldad y el optimismo".

—*Kirkus Reviews*, reseña destacada

"Ogle debuta como autor con franqueza y detalles vívidos . . . [con esta novela que] captura la experiencia de la pobreza crónica en Estados Unidos . . . La honestidad emocional de Ogle da frutos en forma de una caracterización compleja y una tesis audaz y compasiva".

—*Publishers Weekly*, reseña destacada

"Desgarradora, oportuna y hermosamente escrita, esta es una obra brutal y urgente . . . La historia de Ogle inspirará empatía por los niños que viven en la pobreza".

—*School Library Journal*, reseña destacada

"La fascinante narrativa de Ogle es rica en experiencias vividas y ofrece una ventana a las formas en que la pobreza puede conducir a la violencia doméstica y al sentimiento de que la felicidad no es merecida . . . Muchos lectores reconocerán las circunstancias de Rex como propias".

—*Booklist*

ALMUERZO GRATIS

REX OGLE

TRADUCIDO POR
ABEL BERRIZ

Norton Young Readers

Un sello de W. W. Norton & Company
Editores independientes desde 1923

Almuerzo gratis está basada en hechos reales. El diálogo ha sido reconstruido lo mejor que ha podido el autor. Se han modificado o inventado lugares y se han cambiado todos los nombres de los personajes, a excepción del nombre del autor, además de ciertos detalles de descripción física.

Originalmente publicado en inglés bajo el título *Free Lunch* en Estados Unidos por Norton Young Readers, un sello de W. W. Norton & Company, Inc., en 2019

Impreso en los Estados Unidos de América

Para información sobre descuentos especiales para compras por volumen, contacte a W. W. Norton Special Sales a través de
specialsales@wwnorton.com o 800-233-4830

Manufacturado por Lakeside Book Company
Diseño del libro: Hana Anouk Nakamura
Mánager de producción: Delaney Adams

ISBN 978-1-324-08270-5

W. W. Norton & Company, Inc., 500 Fifth Avenue, New York, NY 10110
www.wwnorton.com

W. W. Norton & Company Ltd., 15 Carlisle Street, London W1D 3BS

10 9 8 7 6 5 4 3 2 1

Este libro es para todos los niños,
paguen su almuerzo o no.

CUPONES

El estómago me gruñe. Esta mañana me salté el desayuno, pero no porque quisiera. Mami estaciona el viejo Toyota Hatchback de dos puertas frente a Kroger.

—Odio ir de compras al supermercado —murmuro.

—Bueno, ¿cómo vamos a comer si no? —dice mami.

—¿Comer qué? Nunca compras nada que me guste.

—Cuando consigas un trabajo y empieces a pagar tú la comida, podrás comprar lo que quieras.

—No puedo conseguir trabajo, soy un niño.

—Ese es tu problema, no el mío.

—Cuando Liam va al supermercado con su mamá, ella lo deja comprar lo que quiera. Pop-Tarts, Toaster Strudel, barras de Twix, Pringles, lo que sea.

—Eso es porque Liam es un mimado. Y su mamá es rica.

—No son ricos solo porque viven en una casa.

—¡Bueno, son más ricos que nosotros! —grita mami.

Sale del auto y tira la portezuela. No me quito el cinturón de seguridad. Mami da la vuelta e intenta abrir la portezuela de mi lado. Tarda un segundo porque la portezuela tiene una gran abolladura y siempre se traba. El metal se retuerce cuando ella abre de golpe.

—¡Sal del auto!

—¿Puedes comprarme algo aunque sea?

—Te vas a ganar una paliza si no sales del auto ahora mismo.

Miro al frente sin moverme. Cruzo los brazos como un escudo. No sé por qué me molestan tanto estas cosas. Así ha sido toda mi vida. Pero a veces . . . a veces odio mi vida y tengo ganas de pelear. Pelear con mi mamá, con otros niños, con el mundo, con lo que sea. Cualquier cosa con tal de aliviar el dolor de ser tan pobre.

—¡Voy a contar hasta tres! —gruñe mami apretando los dientes.

Veo que los dedos se le curvan en las palmas, formando puños.

—Uno . . .

—¡Está bien! —grito.

Salgo del auto y tiro la portezuela rota; el metal suena como unas garras robóticas sobre una pizarra. Por lo general, me mantengo firme, pero cuando mami tiene esa expresión furiosa en los ojos . . . es mejor dejar de pelear.

Agarro un carrito de compras. Una de las ruedas está torcida y va bandeándose a la izquierda y a la derecha en lugar de ir en línea recta. Considero devolverlo y agarrar uno nuevo, pero me da pena. No es culpa del carrito estar estropeado.

Recorremos un pasillo y luego otro. Se me hace agua la boca. Hay pasillos llenos de comida: mantequilla de maní, pasta, cosas para hacer tacos o hamburguesas, todo tipo de cereales, mil tipos de papitas fritas, aderezos y salsas, galletas, Chex Mix, cecina, palitos de mozzarella frita, gofres, tarta de manzana de Granny Smith, rosquillas y docenas de sabores diferentes de helado.

Y no puedo comprar nada de eso.

Sé que no debo pedir nada. La respuesta de mamá siempre es "No" o "De eso nada" o "¿Estás loco? Ponlo en su sitio. Es muy caro".

Es una locura decir que una bolsa de papitas fritas es muy cara. Una bolsa entera cuesta como cuatro dólares. Parece mucho dinero, pero pueden ser diez comidas de solo cuarenta centavos cada una.

Ahora el estómago me gruñe en serio. Intento ignorarlo y sigo empujando el carrito vacío detrás de mami. Esta mañana solo teníamos Cheerios y leche como para media persona. Fui el primero en levantarme y pude habérmelos comido, pero no lo hice. Los guardé para Ford. Es mi hermanito de dos años, así que los necesita más.

Mami me pone un sobre abierto en la mano. Dentro hay una factura vencida.

—¿Para qué es esto? —pregunto.

—Por el otro lado, estúpido —dice.

En la parte de atrás hay una lista de compras. La letra larga y cursiva de mami es difícil de leer, pero dice todo lo que necesitamos. Leche. Cereal. Pan. Toda esa basura. Mi mamá generalmente se ciñe a la lista, pero algunos días cambia de opinión al ver los carteles amarillos de las ofertas especiales o los artículos en liquidación del día.

—¡Mira! ¡Esta carne molida está rebajada a un dólar! —dice.

La carne tiene un color marrón extraño. Arrugo el rostro.

—La carne cruda debe ser rosada.

Mamá pone los ojos en blanco y arroja el paquete al carrito.

—Aún está buena. Solo hay que cocinarla bien.

Al pasar al pasillo siguiente, veo a la señora de las muestras gratis. Dejo el carrito y corro hacia ella.

—¿Te gustaría probar una salchicha Maplewood? —me pregunta con una sonrisa.

Agarro un pedacito con un palillo, lo sumerjo en mostaza y me lo meto entero en la boca. Paladeo la jugosa explosión de sabores, pero se acaba demasiado pronto. Antes de que la señora pueda objetar, tomo dos trozos más. Me aseguro de sonreír y de decirle "Gracias".

—Mami, muestras gratis. —Señalo—. Están muy ricas. ¿Podemos comprar algunas?

Mami me ignora. Está demasiado ocupada hurgando en su carpeta de cupones. Se pasa todos los domingos recortando cupones del periódico. Luego se asegura de que solo vayamos de compras los martes. Los martes son el día del cupón doble.

—¡Yuju! —grita mami, victoriosa—. ¡Este cupón es para un descuento de dos dólares! ¡Y es doble, lo que significa un descuento de cuatro dólares!

—Ya que estás ahorrándote cuatro dólares, ¿podemos comprar una caja de macarrones con queso?

—No.

—Pero es la comida favorita de Ford.

—Él es muy chiquito, no tiene comidas favoritas.

Al entrar al pasillo siguiente, vemos a otra persona que ofrece muestras. Este tipo tiene queso y galletas saladas, pero no hay ningún cartel que diga "Gratis".

—¿Son gratis? —pregunto, tratando de ser cortés.

El hombre me mira con mala cara.

—Si vas a comprar algo.

—¡Oiga! —grita mami—. No veo ningún cartel que diga que hay que comprar. Adelante, Rex. Toma lo que quieras.

Siento que se me pone roja la cara. Tengo hambre, pero no quiero ser grosero.

Tomo la galleta más pequeña y le pongo un cuadrito de queso encima.

—Gracias —susurro.

—No le des las gracias —me espeta mami, mirando al hombre—. Él piensa que es mejor que nosotros, pero es él quien vende queso.

—Váyanse a su remolque —murmura en voz baja el hombre del queso.

—¡Ya no vivimos en un remolque! —le grita mami—. ¡Así que ahí tienes!

Mami toma el carrito y nos empuja. Me siento aliviado. Por un segundo, pensé que iba a buscar pelea. No sería la primera vez. Mi mamá no huye de muchas cosas. Mucho menos de una confrontación.

Unos minutos más tarde, al acercarnos a la caja, mami sigue agitada y habla sola como una loca.

—Mirándonos por encima del hombro. Ni siquiera me conoce. No conoce mi situación. Cree que es mucho mejor que nosotros. Que se vaya al diablo.

En la caja, transfiero los artículos del carrito a la cinta transportadora. La cajera me observa cuando me quedo mirando los estantes de dulces. Los cajeros siempre me miran como si fuera a robar algo. Como si fuera culpable, porque llevo ropa de una tienda de segunda mano.

La cajera escanea las cosas y mami saca el monedero. Cuenta el dinero, pero los billetes lucen diferentes. Nunca había visto algo así. Parece dinero de juguete, como el del Monopolio. Tienen colores brillantes y dicen "cupón de alimento".

—¿Qué es eso? —pregunto.

—No te preocupes por eso —me espeta mami, y me empuja hacia el final del mostrador—. No te quedes ahí sin hacer nada. Empaca las compras.

La cajera termina de escanear, aplica el descuento de los cupones y dice el total. Mami le entrega el dinero raro que parece falso. La cajera aprieta unos botones.

—Después de los cupones de alimento, aún debes diez dólares y treinta y ocho centavos —dice la cajera.

—¿Qué son los cupones de alimento? —pregunto.

—No te preocupes por eso —repite mami, pero esta vez me frunce el ceño.

Mami siempre recorta los cupones de descuento de las revistas. Pero estos cupones son diferentes. No entiendo nada. Aparentemente, hay varios tipos de cupones, y mi mamá los usa todos.

Mamá saca todo el dinero en efectivo y el cambio de su monedero. Desarruga ocho billetes de un dólar y cuenta 97 centavos, la mayoría en monedas de uno. Se le tensan las manos, sus dedos parecen garras.

—Ando un poco corta —dice.

La cajera se encoge de hombros, pero se nota que está muy molesta. Puedo verlo en su cara.

—¿*Por qué* tardan tanto? —dice la mujer detrás de nosotros, con un carrito lleno, levantando los brazos.

Un hombre en la fila junto a nosotros carraspea. Parece como si todos nos estuvieran mirando, frustrados. Mami tiene el rostro tenso, con una vena abultada en la frente. De repente, luce avergonzada. Yo también me siento avergonzado.

Mami agarra el pan de la parte superior de la bolsa marrón y lo empuja hacia la cajera.

—¡Ahí tiene! Quite eso. ¿Ya está contenta?

Ir de compras siempre es así, pero por alguna razón esta vez es peor. ¿Serán los cupones de alimento? Mami parece avergonzada. La gente nos mira. Observo la lista de compras. No llegamos ni a la mitad de las cosas. No podemos comprar toda nuestra comida.

El silencio se cierne entre mami y yo. Llevo una bolsa al auto y la pongo en la parte trasera. Cuando me subo al asiento delantero, mami empieza a llorar. No estoy seguro de qué decir, así que me callo.

Nos quedamos allí en silencio por un buen rato.

Extiendo la mano para ponerla sobre la suya, pero ella la aparta de golpe.

—¡No me toques! ¡Es tu culpa! ¿Sabes lo caro que es criar a un mocoso desagradecido?

Me siento mal del estómago. No sé si es por el enojo, la tristeza o simplemente es hambre. Probablemente sean las tres cosas.

Los ministros, los curas, los monjes budistas y los presentadores de programas de entrevistas (todas esas personas que se supone que sean realmente inteligentes y sabias) siempre dicen cosas tontas como “El dinero no lo es todo” o “Las mejores cosas de la vida son gratis”, pero están equivocados.

El dinero *lo es* todo.

Las mejores cosas de la vida no son gratis.

Y no digan sandeces del tipo “El amor es gratis”, porque no lo es. Cuidar de las personas a las que quieres cuesta dinero. Cuando mami no está trabajando, siempre está molesta y triste, y no puede quererme como una madre normal. Se enoja por lo más mínimo. Sin trabajo no hay dinero, y por ende no hay comida ni electricidad. Eso hace que a mi mamá se le salga todo el cariño, como el aire de un globo. ¿Y quién quiere un globo vacío?

Cuando mami está trabajando, es más amable. Definitivamente me quiere más cuando tiene dinero porque puede hacer la compra y pagar el alquiler a tiempo, además de las facturas y todo eso. Puede pensar con claridad. Se acuerda de que le importo.

Entonces no me digan que el amor es gratis porque sé que no lo es. *Nada* en este mundo es gratis. Todo cuesta.

Pero por alguna razón, las cosas cuestan mucho más cuando eres pobre.

ESCUELA INTERMEDIA

Me aseguro de tener todo lo que necesito para el primer día de escuela mañana. Escribo una lista, lo cual es un poco nerdo, pero sé que falta algo. La lista dice:

- Horario de clases
- Número de casillero
- Candado y combinación de candado
- Mochila
- Bolígrafos
- Cuaderno
- Llaves de casa

Repaso la lista varias veces. ¿Qué falta? Me acuesto a las diez, pero sé que no dormiré si no lo resuelvo. A veces tengo una idea en la mente y no puedo dejar de pensar en ella, y sigue dándome vueltas y vueltas hasta que tengo ganas de gritar. Así es como me siento ahora. No puedo dormir, así que me levanto. Camino de un lado a otro de la habitación, tratando de recordar. Tengo mucho espacio para caminar porque no tengo ningún mueble, solo un saco de dormir en el suelo. Me siento de nuevo y miro el horario de clases. Estoy entusiasmado con la escuela este año. A algunos chicos no les gusta la escuela, pero yo prefiero estar allí que aquí en casa.

En la escuela intermedia tienes dos materias optativas que puedes elegir tú mismo. Mami me dijo que me anotara en Economía Doméstica, pero eso me pareció estúpido. Ya hago todas esas cosas en casa (cocinar, limpiar, cuidar a un bebé, cuadrar la chequera de mami) y no quiero hacerlo también en la escuela. En lugar de eso, elegí Arte. Es decir, pintar y dibujar. Alrededor de las once, finalmente recuerdo lo que necesito: dinero para el almuerzo.

Mami y Sam están en la sala, acurrucados en el sofá. La televisión está encendida, pero ellos están susurrando y riéndose de otra cosa.

—Oye, mami.

—¿Qué haces levantado? —me espeta ella—. Deberías estar durmiendo.

—Olvidé el dinero del almuerzo.

—Este niño siempre está diciendo: "Dame, dame, dame". Uf —dice mami, dándole un codazo a Sam.

Ambos se ríen.

—Eso no es cierto —protesto—. Pero necesito dinero para el almuerzo. Tengo que comer.

—¿T-t-tienes? —tartamudea Sam. No se está burlando, simplemente habla así—. M-mi p-p-papá solía hacerme t-trabajar p-para g-ganarme el d-dinero d-del almuerzo.

—¿Sabías que hace cien años los padres simplemente echaban a sus hijos a la calle? —dice mami con una sonrisa cruel—. Tenían que valerse por sí mismos. Como "Hansel y Gretel". Lástima que ya no sea así.

—Sí, qué lástima —digo—. ¿Puedes darme el dinero del almuerzo para poder irme a la cama?

—No necesitas dinero para el almuerzo este año. —Mami se vuelve y se pone a mirar el programa de televisión—. Estás en el programa de almuerzo gratis.

—¿El qué? —pregunto.

Mami gruñe, molesta por tener que dar explicaciones.

—Es un programa en el que los pobres no tenemos que pagar la comida de nuestros hijos. La mamá de Manuela me lo contó en la lavandería, así que te inscribí.

—¿Qué? ¿Por qué no puedes pagar por mi almuerzo? No somos tan pobres.

Mami prácticamente sale volando del sofá y me agarra del brazo. Me aprieta con tanta fuerza que sus dedos me atraviesan el músculo y llegan hasta el hueso.

—¿Por qué no pagas *tú* por tu almuerzo? O mejor aún, ¿por qué no llamas a tu *padre* y le pides que pague él?

—Él envía un cheque de manutención todos los meses —grito—. ¿No es para eso? ¿Para alimentarme?

—¡Estás alimentado! —grita mami, y me sacude con fuerza—. ¡Y tienes ropa, tienes un techo sobre tu cabeza, no tienes que trabajar! ¡Eso es más de lo que mucha gente tiene, mocoso malcriado!

Intento liberarme, pero no puedo.

—¿Cómo puedo ser un malcriado si vivo en este basurero contigo? —le grito.

No debí haber dicho eso. Me doy cuenta justo en el momento en que las palabras salen de mi boca. Pero uno no puede desdecir las cosas. Lo que sucede después . . .

No quiero hablar de eso.

FAMILIA

Mi recuerdo más antiguo es ver a mis padres peleando. No Sam. Me refiero a mami y a mi verdadero padre antes de que se divorciaran.

Los tres vivíamos en un campamento de remolques en San Antonio. Cuando ellos peleaban, todo el remolque temblaba. Se sentía como un terremoto, como si el mundo se desmoronase mientras los dioses se golpeaban unos a otros. Como si su pelea pudiera sacudir el universo hasta destruirlo completamente. Así me quedaría solo en la oscuridad del espacio.

Papi se fue cuando yo tenía cinco años. Mami tuvo muchos novios después de eso. Cada uno más idiota que el anterior. Entonces conoció a Sam. Él era el encargado de mantenimiento de nuestro complejo de apartamentos. Al principio era muy amable y me enseñó a montar bicicleta y a nadar muy bien, y me invitó a comer pizza. Luego empezó a golpear a mi mamá.

Yo esperaba que un día se fuera. Pero entonces tuvieron a Ford, que se llama así por el auto favorito de Sam (lo cual me parece un poco extraño). Tener la misma mamá hace de Ford mi hermano pequeño. No es un bebé, pero actúa como uno. Tiene dos años y medio, y es el niño más fastidioso que he conocido. Aun así lo quiero porque es mi hermano, así que no me queda otro remedio que quererlo, incluso cuando destruye mis cosas.

Tengo que vigilar a Ford todo el tiempo y también cuidar de él. Todos los días le preparo la comida, lo dejo ver programas tontos de bebés en lugar de mis programas de televisión, juego con él y eso. Estoy tratando de enseñarle a leer, y ya lo hace, un poco. Es muy inteligente. Pero cuando no se sale con la suya, grita como un condenado. Es muy fastidioso. Me alegro de haberle enseñado finalmente a ir al baño. Ahora ya no tengo que cambiarle los pañales. Eso era asqueroso.

Aun así, no es divertido pasar todo mi tiempo libre cuidándolo. Especialmente cuando mis amigos salen en bicicleta, ven películas y hacen cosas interesantes, ¿sabes? Así que . . . en fin.

Sam ha estado con nosotros desde hace cinco años. Dice que es mi padrastro, pero no lo es. Él y mi mamá ni siquiera están casados.

Un día lo encontré muy borracho y medio desmayado en el sofá. Sentí curiosidad y le pregunté por qué no se había marchado, especialmente cuando lo único que hacían él y mami era pelear.

—P-p-por Ford —dijo él.

Supongo que muchos padres hacen eso, se quedan por sus hijos.

Aunque mi papá no hizo eso. Me dejó. Sin siquiera pestañear.

Después de unos años en San Marcos, mami decidió mudarse. Anduvimos con Sam de un sitio a otro hasta que llegamos aquí.

Desde que llegamos a Birmingham, mami y Sam pelean más de lo habitual. A veces por cosas estúpidas. Generalmente por cuestiones de dinero, probablemente porque ninguno de los dos encuentra trabajo.

Mami dice que conseguir un trabajo es más difícil de lo que parece, lo cual es extraño, porque los restaurantes siempre tienen carteles anunciando que necesitan alguien que friegue los platos. ¿Qué tan difícil puede ser fregar platos? Yo lo hago todo el tiempo y nadie me paga por ello.

Hay carteles de "Se busca ayuda" por toda la ciudad. Hay también un montón de listados en la sección de "Ofertas de empleo" del periódico. Una vez, intentando ayudar, revisé el periódico y circulé muchas cosas que se veían bien. Mami se enojó mucho.

—¡No voy a hacer esa mierda! —gritó.

Sam también se enojó mucho.

—Ese t-trabajo es p-para m-mexicanos, p-para t-tu gente. Yo s-soy blanco. M-merezco algo m-mejor.

Sam y mami no tienen trabajo en este momento.

En fin. Vivimos los cuatro en un apartamento de dos dormitorios y un baño. Es lindo, supongo. Estamos en el segundo piso, por lo que tenemos mucha luz del sol. Y nuestro balcón da al patio, donde los niños juegan y eso.

No hay muebles reales en nuestra casa, excepto un sofá de lana que pica y un viejo televisor en blanco y negro. Sam se los encontró detrás de un contenedor de basura cuando nos mudamos aquí. Me hizo ayudarlo a cargarlos y casi me fracturo la espalda. Mami se asustó por los gérmenes y pasó como dos días limpiándolos una y otra vez. Ah, y supongo que Sam y mami tienen una cama que alguien les dio. Ford duerme con ellos.

En mi habitación solo hay un saco de dormir y unas cajas de cartón donde guardo la ropa. También tengo un montón de libros. Me gusta leer. Solía tener más cosas, pero cada vez que nos mudábamos, mami dejaba atrás más cosas mías. Especialmente los regalos de mi papá. Muchos otros niños tienen un montón de cosas en sus habitaciones. Y normalmente sus padres también tienen muchas cosas en el resto de la casa.

En comparación, nosotros no tenemos mucho. Pero no me importa. A algunos de mis amigos les gritan cuando rompen cosas en sus casas. En mi apartamento no hay nada que romper.

DINERO DEL ALMUERZO

—¡Mira ese ojo morado! ¡Carajo! —grita Liam Forrester en cuanto subo al autobús escolar.

—¡No digan palabrotas! —advierte el chofer del autobús, mirando a Liam por el espejo retrovisor.

Liam siempre es así, ruidoso y llamando la atención. Sonríe y se ríe al mismo tiempo, por lo que nunca te enojas con él. Es simplemente un tipo divertido y feliz. Ha sido mi mejor amigo desde que me mudé a Birmingham, Texas. Vive en Grayson Village, una urbanización muy bonita que queda detrás de Vista Nueva, el complejo de apartamentos donde vivo.

—¿Qué te hiciste esta vez en la cara, torpe? —me pregunta antes de que me siente en el espacio que me reservó a su lado.

—Choqué con una puerta —miento.

No fue solo mami, también fue culpa mía. No debí haberle levantado la voz. Realmente trato de ser un buen chico, pero a veces me enojo mucho. Pierdo los estribos. Siento como si la sangre me ardiera y que voy a vomitar o a desmayarme o . . . No sé. Lo que sé es que estaba gritando muy alto. Pero gritar es todo lo que hago.

No le devuelvo el golpe a mi madre, ni siquiera cuando ella realmente me está haciendo daño.

—Tienes más moretones que yo cuando salgo del taekwondo. —Liam se ríe—. Deberías hacer las pruebas del equipo de fútbol americano conmigo. Al menos usarías un casco.

Durante el trayecto en autobús, intento mantener el entusiasmo que tenía en el verano por comenzar la escuela intermedia, pero no puedo. Hay tres escuelas primarias en Birmingham y una sola escuela intermedia. Eso significa que habrá un montón de estudiantes nuevos. Todos me mirarán el moretón y se preguntarán qué habrá pasado. No quiero que nadie sepa la verdad. Es vergonzoso. Las chicas tienen suerte de poder maquillarse. Si les sucediera a ellas, podrían simplemente cubrir el ojo morado con maquillaje y nadie se enteraría.

Apenas puedo concentrarme en mis primeros tres períodos: Historia, Matemáticas e Inglés. Mis compañeros no dejan de mirarme. Dos chicas de la fila delantera se pasan notas durante la clase. Una de ellas me señala con la barbilla y ambas se echan a reír.

Los profesores también lo notan. Cuando entro a mi nueva clase de Inglés, la Sra. Winstead observa los agujeros de mis zapatos, mis jeans demasiado pequeños, mi camisa demasiado grande, mi mochila de segunda mano y mi ojo morado. En ese momento, la profesora decide que no le agrado. Lo sé porque me lanza una mirada horrible, como la de las cajeras del supermercado. Con la punta del dedo índice se acomoda un mechón de cabello gris y se ajusta las gafas.

—No habrá peleas dentro ni fuera de mi salón de clases —anuncia—. Tengo una política de tolerancia cero con la violencia. ¿Entendido?

Lo dice para todo el salón, pero me mira a mí todo el tiempo.

¿Ven? La profesora piensa que soy problemático. Ahora tendré que esforzarme para demostrarle que no lo soy, y eso apesta. Esta no es la forma en que quería comenzar el curso.

Después del tercer período, llega la hora del almuerzo. Genial, porque me muero de hambre. Cuando finalmente encuentro el camino a la cafetería, me topo con una fila interminable. Busco a alguna persona conocida. Conozco a algunos chicos, pero ninguno con el que tenga mucha confianza, así que no puedo colarme. Me pongo en la fila. Nunca había visto tantos estudiantes. Alguien dijo que hay como dos mil estudiantes en esta escuela, pero eso me parece demasiado. Sin embargo, hay muchas mesas, tal vez un centenar. Buscar a Liam aquí es como buscar una moneda de cinco centavos en un contenedor lleno de basura.

Finalmente veo a Liam sentado en una mesa. Me hace señas para que me siente con él. Qué alivio. Al menos ahora sé dónde me sentaré cuando agarre la comida.

La fila avanza rápido. Tomo una bandeja de plástico y la extiendo frente a mí. Los trabajadores de la cafetería me recuerdan a mi abuela, la mamá de mi mamá. Ella nació en México. Después de que las señoras del almuerzo me sirven una cucharada de puré de papas, judías verdes y palitos de pescado, les doy las gracias.

Agarro una caja de leche con chocolate y entonces recuerdo que no tengo dinero para el almuerzo. Para empeorar las cosas, no tengo idea de cómo funciona este programa de almuerzo gratis. El estómago se me cierra y me siento mal. Miro a los tres chicos que tengo delante con la esperanza de que uno de ellos sepa qué hacer para poder imitarlo, pero los tres pagan en efectivo. Miro a mi alrededor. Hay gente por todas partes. No puedo escabullirme con el almuerzo. De todos modos, no haría algo así. Soy pobre, pero no robo.

Tengo la cara caliente y me suda la frente. Las manos también me sudan. Odio esto. ¿Por qué mi mamá no podía darme el dinero, aunque solo fuera para el primer día de clases? ¿Por qué las cosas nunca pueden ser fáciles?

—Dos dólares —dice la cajera.

—Oh, este . . . —empiezo, pero no sé qué decir.

Sigo mirando a mis espaldas, no sé por qué. Probablemente porque todo el mundo me está mirando.

—Cariño, son dos dólares —repite la mujer.

La cajera es vieja, probablemente tendrá unos noventa años. Su cuerpo delgado parece tan frágil que podría romperse. Entrecierra los ojos tras unas gafas gruesas y manchadas.

—Estoy en el . . . ya sabe —digo.

—¿El qué?

—El programa —digo—. Esta cosa que, ya sabe, el . . . esta cosa.

—Tienes que hablar más alto —dice la cajera—. Estoy sorda de un oído.

Los estudiantes detrás de mí comienzan a impacientarse.

—¿Por qué se demoran?

—Vamos.

—Tengo hambre.

Me inclino lo más que puedo para acercarme a la cajera.

—Estoy en el programa de almuerzo gratis.

—Lo siento, cariño, ¿puedes repetir eso? —pregunta la mujer, acercándome una oreja.

—¡Estoy en el programa de almuerzo gratis! —exploto.

No lo hago a propósito. Pero, como dije antes, a veces me enojo.

—No tienes que levantar la voz —dice la cajera. Agarra una carpeta roja y comienza a pasar las páginas—. ¿Cómo te llamas?

Quiero gritar. Los estudiantes detrás de mí están inquietos. Todo el mundo me mira.

—Amigo, paga y listo —me dicen.

—¿Por qué tarda tanto?

—Quiero comer hoy.

—¿Tu nombre? —me pregunta de nuevo la cajera.

Intento decir mi nombre en un tono agradable, pero no puedo evitar apretar los dientes.

—Rex Ogle.

La anciana se moja el pulgar con la lengua antes de pasar las páginas. Finalmente encuentra mi nombre y coloca una marca roja de verificación al lado.

—Ya está.

No le doy las gracias. Agarro mi bandeja y me alejo lo más rápido que puedo. El corazón me late con fuerza. Tengo las palmas de las manos empapadas. Tengo los pulmones apretados, como si no les llegara suficiente aire. Nunca me puse así en quinto grado. La escuela siempre me pareció un lugar seguro, un escape de la dinámica del hogar. Solo me pongo así cuando mamá actúa de manera alocada o cuando Sam se pone violento. Me pregunto si estoy enfermo, si me está dando un infarto o si me estoy volviendo loco. Sacudo la cabeza. No soy como mi mamá. No estoy loco. Puedo controlarlo.

Respiro hondo. Una y otra vez.

Finalmente llego a donde está Liam y me doy cuenta de que las mesas solo tienen ocho asientos. Y su mesa ya está llena.

—Gracias por guardarme un asiento —gruño sin poder contenerme.

—Tranquilo, socio. Lo intenté, pero es el primer día. —Liam se inclina hacia Derek, su otro amigo—. Se comporta como si fuera mi novia.

Ambos se ríen de mí.

Me alejo, furioso, y golpeo con el hombro a un niño bajito que me pasa por al lado.

—Apártate, idiota —grito.

Me arrepiento inmediatamente, pero no me disculpo. Sigo caminando.

Termino sentándome en una mesa vacía en el segundo piso. Desde aquí puedo ver a Liam y a Derek riéndose, probablemente de mí. Todo el mundo está sentado con sus amigos, menos yo. Estoy solo.

Se suponía que este año sería genial. Apenas es el primer día y ya todo se está desmoronando. Ayer estaba muy emocionado. Ahora estoy enojado y solo. Todo por . . . ¿Por qué? Llego a la escuela con un ojo morado y tengo que rogar para que me den un almuerzo gratis. Es una tontería. Nadie debería tener que pedir limosna. Nadie. Mucho menos los chicos. Ahora todo el mundo sabe que soy gentuza.

Este debía ser un buen año. Supongo que no lo será después de todo.

PARÁSITOS

Al salir de la escuela, trato de llamar a mi abuela. Levanto el auricular del teléfono, pero no hay tono. Solo silencio.

—Mami, el teléfono no funciona.

—Sí. No pagué la factura —dice mami—. Es un desperdicio de dinero. De todos modos, las únicas personas que llaman son los cobradores.

—¡Y abuela! —le recuerdo.

—Si mi madre tiene tantas ganas de hablar con nosotros, que pague nuestra línea telefónica. —Mami pone los ojos en blanco.

—¡Ella se ofreció a hacerlo!

—No necesito su dinero. Y no necesitamos un teléfono.

—Pero le dije que la llamaría al terminar mi primer día de escuela.

—Entonces usa el teléfono público que hay junto a la lavandería. Llámala a cobro revertido. A ella le encantará.

No creo que a abuela le guste. Las llamadas a cobro revertido son realmente caras. Como un dólar el primer minuto y cincuenta centavos cada minuto posterior. Aun así, sé que mi abuela se preocupa cuando nos cortan la línea telefónica y no sabe de nosotros. Cuando llamo, ella acepta el cobro de todos modos.

—Hola, abuela —digo.

—¿Cómo está mi nieto favorito? —pregunta ella.

Puedo oír su sonrisa al otro lado de la línea.

—Abuela, sabes que no hablo español.

Abuela ríe.

—Lo sé, pero deberías aprender. Te ayudará a conseguir un trabajo —dice con su marcado acento.

—¡Soy demasiado joven para trabajar!

—¿Ah, sí? —Se ríe de nuevo. El tono de su voz es siempre cariñoso cuando la llamo—. Cuéntame de ti. ¿Cómo está mi persona favorita en todo el mundo?

—Estoy bien —digo. No quiero ponerme tan serio—. Te extraño.

—Yo también te extraño. Te extraño más de lo que puedas imaginar. O medir. Te quiero.

—Yo también te quiero —le digo.

También me encanta hablar con ella porque siempre es muy amable y feliz, y siempre me dice lo mucho que me quiere. Sé que parece cosa de bebés, pero a veces es agradable escucharlo.

—Los profesores deben adorarte en la escuela. Eres tan guapo, inteligente y educado.

—No soy nada de eso —digo.

—Hum. No pareces estar disfrutando la escuela. ¿Es así?

Sé que quiere que le diga que sí, pero odio mentir.

—No mucho.

—¿Las clases son difíciles?

—No.

—¿Son amables los profesores?

—Algunos.

—¿Entonces qué pasa?

Intento pensar en cómo decir la verdad sin preocupar a mi abuela. Ella conoce a mi mamá y sabe cómo se pone. Pero ninguno de los dos puede hacer nada.

—Todos en mi escuela son ricos. Todos tienen ropa bonita y útiles escolares bonitos y sus padres se ven muy bien cuando los dejan en la escuela. ¡Esos niños lo tienen todo y ni siquiera le dan importancia! Ojalá mi vida fuera así.

—No resuelves nada con ese deseo —dice la abuela—. No malgastes tu tiempo deseando cosas que no puedes tener. Anda limpio y vístete pulcro. Sé cortés. Saca buenas notas. Todo irá bien. Eres muy, muy, muy valiente, hijo.

—Solo lo dices porque soy tu nieto —digo.

—Sí —dice ella riendo—, ¡pero también porque es verdad!

Pero cuanto más lo pienso, más frustrado me siento.

—Abuela, no entiendes lo duro que es. Todo es muy fácil para los demás porque tienen dinero. Las cosas normales son cien veces más difíciles para mí porque no lo tengo. No es justo.

La abuela se queda callada. Cuando habla, elige las palabras con cuidado. Su tono es todavía cariñoso, pero también serio, honesto.

—La vida no siempre es justa.

—¡Bueno, eso apesta! —No quiero gritar, pero lo hago—. Lo siento —me apresuro a decir—. No estoy enojado contigo, abuela. Solo quisiera que las cosas fueran más fáciles.

—Cuando yo tenía tu edad —dice abuela—, mi familia y yo

vivíamos en México en una casa de una sola habitación. Tenía cuatro paredes, piso de tierra y un techo que goteaba cuando llovía. No había fontanería, ni agua corriente, ni retrete. Teníamos que salir si necesitábamos hacer el número uno o el número dos, de día o de noche, en verano o en invierno. Vivía en ese lugar diminuto con mi madre, mi padre y mis trece hermanos y hermanas.

"Cuando era niña, dos de mis hermanas murieron porque se enfermaron. Los antibióticos podrían haberles salvado la vida, pero mis padres no tenían dinero para comprar medicinas. ¿Crees que eso era justo? No. Mi vida no ha sido fácil, pero nos esforzamos. Y tú también te esforzarás.

—Abuela, no lo sabía —digo avergonzado—. No sabía lo de tus hermanas. Lo siento mucho.

—No lo sientas. Así es la vida. Dios obra de maneras misteriosas. Se las llevó al cielo para que no sufrieran más. Al año siguiente, mi padre encontró trabajo. No ganaba mucho dinero, pero cuando mi hermano gemelo enfermó, teníamos dinero para comprar medicinas. Mi hermano mejoró y ahora es médico en México. ¡Un médico! Un día podrías ser médico si quisieras.

—No sé qué quiero ser cuando sea grande —digo.

—Ya lo sabrás. Hasta entonces tienes que trabajar duro. ¿Entiendes?

Asiento con la cabeza, aunque ella no puede verme.

—Sí —digo—, pero no tiene que gustarme, ¿verdad?

La abuela se ríe.

—¿Crees que me gusta trabajar todos los días? ¡No! Por supuesto que no. Pero lo hago. Con el dinero que gano, le envío algo a cada uno de mis hijos, a mis nietos, a mis hermanos, a mis hermanas y a mis padres en México. Es duro, pero lo hago.

—Vaya, tampoco lo sabía —digo—. ¿Por qué nunca me lo dijiste?

—No quiero alardear, pero es importante que escuches esto. Ya tienes edad suficiente para saber estas cosas.

—Gracias por decírmelo, abuela. Eres increíble, ¿lo sabías?

—No. Soy simplemente yo. Y tú eres simplemente tú. Pero eres fuerte. Fuerte.

—Sigo pensando que sería más fácil si fuéramos ricos —digo—. Todo el mundo en Birmingham tiene dinero. Viven en casas grandes y usan joyas y todos los niños obtienen lo que quieren. Es como estar en el centro comercial sin dinero. Ves todo lo que quieres, pero no puedes comprarlo. Ser pobre es un fastidio.

—¿Un fastidio? —La abuela se ríe—. Cuando yo era pequeña, mi hermana tenía parásitos. Los parásitos son muy comunes en México. Son lombrices que crecen dentro del intestino y se comen los alimentos y se roban los nutrientes. Sabíamos que mi hermana los tenía porque siempre le picaba ahí abajo. Cuando mirábamos, a veces podíamos ver la cabeza de una lombriz saliéndole del ano. Mis padres no podían pagar un médico, pero ella estaba sufriendo. Una noche, mi madre y yo le sacamos la lombriz del trasero a mi hermana. Medía casi dos pies de largo. *Eso* fue un fastidio.

MATERIALES ESCOLARES

Mami cuenta sus cupones de alimento cuando entramos a Walmart. Una sensación de zozobra se apodera de mi estómago cuando miro a mi alrededor, esperando que nadie vea los cupones, que no haya niños de mi escuela mirando.

—Olvidé la lista en casa —dice mami—. Recuérdame comprar leche.

—Compra leche —digo, haciéndome el gracioso.

Mami me fulmina con la mirada. Conozco esa mirada. Significa "No me hagas enojar". Así que no digo nada más hasta que llegamos al pasillo de los materiales escolares.

Tengo suerte de que mami me haya dejado venir con ella esta vez. Toda la semana ha estado protestando por tener que comprarme materiales escolares, diciendo que no quería desperdiciar gasolina. Por suerte, abuela envió el dinero para los materiales escolares. Mandó una carta con dos billetes de veinte dólares envueltos en papel de aluminio, con una tarjeta que decía: "Cómprate cosas bonitas para la escuela". Mami tomó uno de los billetes de veinte, así que ahora solo me quedan veinte dólares.

Odio que mami y Sam estén a cargo de mí. Los adultos no siempre son más inteligentes que los niños. Siempre estoy haciendo cosas que deberían hacer los padres, como conectar los cables del televisor o del estéreo, o arrancar un auto. Eso es fácil para mí. Mami ni siquiera sabe hacer tostadas y yo puedo cocinar alrededor de veinte tipos de comidas, incluso sin receta. Además, sé muchas cosas porque leo mucho.

Seguramente sé más que Sam, que apenas puede escribir una oración completa. A veces me pide que le llene solicitudes de empleo. Y soy bueno en matemáticas. Mami me pide que revise sus cuentas en su chequera todo el tiempo. Gasta más dinero del que tiene. Entonces el banco llama y ella se vuelve loca. Cree que "rebotó" un cheque, lo cual no tiene ningún sentido. El papel no rebota. ¿Ven? Mami ni siquiera sabe el significado de las palabras fáciles.

—Ay, olvidé la lista de tus materiales en casa —dice mami.

Conozco ese truco. Lo hizo el año pasado cuando no quería comprar mis materiales escolares. Saco la lista de mi bolsillo.

—Yo no la olvidé. Necesito lápices, bolígrafos . . .

—¿Por qué necesitas *ambos*?

Me encojo de hombros.

—Carpetas, hojas perforadas, cuadernos . . .

—¿Por qué necesitas hojas perforadas *y* cuadernos?

Me encojo de hombros de nuevo.

—Es lo que dice la lista.

—*No* te voy a comprar ambas cosas —dice mami, haciendo una mueca—. Es una pérdida de dinero. Puedes comprarte los cuadernos con el papel perforado. Así podrás arrancar las hojas si lo necesitas.

—Pero tendrán los bordes rasgados —protesto—. No puedo entregar la tarea así . . .

Mami me vuelve a fulminar con la mirada y dejo de quejarme.

—También necesito tarjetas para notas, marcadores . . .

—¿Para qué?

—Para estudiar, supongo.

No estoy seguro, pero me gusta la idea de tener marcadores. Tomo un paquete de cuatro: rosa, amarillo, verde y naranja brillante.

Mami mira el precio.

—¡¿Cuatro noventa y siete?! No. De ninguna manera. Devuélvelo a su sitio. Puedo comprarte *un* marcador —dice, toma la opción más barata y la tira al carrito.

—La lista dice marcadores, en *plural*, como en más de uno.

—No me importa. ¿Qué otra cosa?

—Una mochila . . .

—¡Puedes usar tu mochila del año pasado! —grita ella.

—¡Lo sé! —grito de vuelta—. ¡Solo estoy leyendo!

Pero no es cierto. Mi mochila del año pasado tiene un agujero gigante en el fondo. Tengo que usarla al revés para que no se caiga nada. Mami no lo sabe o no le importa. Yo apostaría por lo segundo, pero no tengo dinero para hacer apuestas.

—Una calculadora —sigo leyendo la lista.

—¡Vas a la escuela intermedia, *no* a una oficina! ¿Para qué necesitas una calculadora? —grita mami.

Habla tan alto que otra mamá en el pasillo nos mira.

—No lo sé. Aquí dice que la necesito para preálgebra.

—¿No puedes tomar una clase de matemáticas en la que *no* necesites una calculadora?

—Todo el mundo usa calculadoras en la escuela intermedia —digo, aunque no estoy seguro de que sea cierto.

Mami mira el precio de la opción más barata.

—¡De ninguna manera! —grita—. Tu abuela solo te envió veinte dólares... —Me contengo para no echarle en cara que abuela envió cuarenta—. No voy a pagar por esta mierda. La escuela puede proporcionártela si tanto la necesitas. De hecho, ¿por qué la escuela no puede dártelo todo? Para eso pago mis impuestos, ¿no?

—¡No sé nada de eso!

—Deberías ir a la escuela y decirle al director que me niego a comprar tus materiales. Apuesto a que tendrá algunos por ahí.

—¡No voy a hacer eso! —Mami siempre dice ese tipo de locuras. Y lo dice en serio, por eso le grito—: Cómprame lo que necesito y ya, ¿de acuerdo?

Mami me agarra del brazo con fuerza y me sacude.

—Cuidado como me hablas.

Me libero de su agarre.

—¡¿O qué?!

—¿Es *así* como quieres jugar? ¡Bien! —grita ella. Abandona el carrito en medio del pasillo y camina hacia la salida—. ¡No compraré nada! ¿Es eso lo que quieres?

—¡No!

—Discúlpate, entonces.

Me cruzo de brazos.

—No.

—¡Discúlpate!

Un grupo de mamás nos está mirando. Están muy bien vestidas. Al menos, mejor vestidas que mi mamá. Tienen ropas coloridas, el cabello peinado e incluso algunas joyas. Parecen mamás normales.

Mi mamá no luce así. No se ha duchado hoy, así que tiene el pelo todo desordenado. Lleva pantalones deportivos viejos, una camisa manchada y chanclas. No usa maquillaje. No lleva joyas porque no tiene ninguna.

Reprimo la ira.

—La gente está mirando —digo, bajando la voz.

—¿Quién? *¡¿Ellas?!* —grita mami, señalando a las otras mamás—. ¡No las conozco! ¡No me importa lo que piensen!

Cuando mi mamá hace una escena en público, se me eriza la piel porque todos se detienen a mirar. Es como un accidente de autobús. La gente no puede apartar la mirada. Todos se dan cuenta de lo triste y horripilante que es mi vida.

—Pídeme disculpas ahora mismo o saldremos de esta tienda e irás a la escuela sin nada —sisea mami.

Dudo. Quiero gritarle en respuesta. Quiero que una de las otras mamás me defienda. Quiero que arresten a mi mamá o que se vaya y que una de las mamás amables me adopte. Pero eso no va a suceder. Finalmente, cedo.

—Lo siento —susurro.

—No te oigo —grita mami.

—¡Dije que lo siento! —grito de vuelta.

Mami sonríe, victoriosa.

—¿Ves qué fácil fue?

No sé cómo lo hace. A mi mamá no le importa en absoluto lo que los demás piensen de ella. Pasa junto a las otras madres, boquiabiertas y horrorizadas, con la cabeza en alto.

—¿Qué están mirando? —les dice.

Bajo la cabeza al pasar junto a la multitud ofendida.

El dinero parece algo muy tonto y extraño. Monedas, trozos de papel, talonarios de cheques y números de cuentas bancarias. En realidad, son solo dígitos invisibles que flotan por ahí. Así y todo, querría tenerlo.

Si tuviera dinero, no tendría que pelear con mi mamá por los materiales escolares en la tienda. Si tuviera dinero, podría pagar las cuentas de mis padres y podríamos vivir en una casa bonita como los demás. Si tuviera dinero, podría vestirme bien, como los chicos de mi escuela. Si tuviera dinero, lo compartiría con personas que no lo tienen, para que no tuvieran que sentirse como yo ahora.

Si tuviera dinero, sería feliz.

Pero no lo tengo. Y no lo soy.

TARDANZA

Esta mañana llueve a cántaros. No tengo paraguas. Cuando al fin alcanzo el autobús escolar, estoy completamente empapado. Al principio me parece divertido. Me aprieto las axilas para imitar el ruido de un pedo y todos en el autobús se ríen.

Una hora más tarde, ya en la escuela, todavía estoy mojado. Mis zapatos rechinan al caminar y tengo los dedos arrugados. En mi primera clase, el salón está helado: es como el Polo Norte en pleno invierno, con los elfos de Papá Noel escondiéndose para guarecerse del frío. Los gigantescos aires acondicionados texanos zumban con fuerza, pero apenas puedo oír nada porque me castañetean los dientes. Tiemblo tanto que me parece que la piel se me quedará erizada para siempre. Finalmente suena el timbre y corro al baño. Me veo los labios azules en el espejo, así que me quito la ropa y la pongo bajo el secador de manos. Cada vez que entra alguien al baño me mira como si estuviera loco.

—Llegas con tardanza —dice la Sra. Winstead cuando llego al tercer período.

—¿Qué significa eso? —pregunto.

Todos se ríen de mí. Resulta que tardanza es una forma tonta y elegante de decir que uno llegó *tarde*. No sé por qué no podía simplemente decir eso.

Al menos es viernes. Ha sido una primera semana horrible.

Casi no he visto a mis amigos del año pasado. Todd y Zach tienen horarios diferentes. Liam también, pero cuando puede me guarda un asiento en la mesa del almuerzo. En quinto grado, los cuatro estábamos en el salón de la Sra. Kingston. Todos los días hacíamos cosas divertidas juntos, durante y después de la escuela. Ahora no estamos en ninguna clase juntos.

—¡Ogle!

Me doy la vuelta y veo a Zach.

Chocamos los puños. Estaba pensando en él, pero no se lo digo. No quiero sonar, ya saben, gay o algo así.

—No te he visto en toda la semana —dice él—. ¿Dónde te has estado escondiendo?

—En ningún lugar. Esta escuela es enorme. Hay muchos estudiantes.

—Ni que lo digas. Oye, ¿vas a almorzar? Sentémonos juntos.

Me entusiasma sentarme con Zach. Espero que podamos encontrar a Liam y a Todd. Podríamos sentarnos juntos, como en los viejos tiempos. Entonces recuerdo el asunto del almuerzo gratis.

Zach es divertidísimo, pero se burla de la gente por casi cualquier cosa. El año pasado descubrió que yo todavía jugaba con muñecos de acción y lo sacaba a relucir constantemente. Todavía lo menciona. Si se entera de que estoy en el programa de almuerzo gratis, no tendrá para cuándo acabar. Tal vez si voy después de que él pague y no espera por mí . . .

—Las damas primero —dice cuando nos ponemos en la fila del almuerzo. Empiezo a sudar.

—Entonces deberías ir *tú* primero —digo.

—De ninguna manera —dice Zach—. Eres más femenino que yo.

—¡No lo soy! —grito, un poco más a la defensiva de lo que quiero estar.

—¡No lo soy! —me imita Zach, poniendo voz aguda de niña.

Los dos estudiantes de séptimo grado detrás de nosotros se ríen. Puedo sentir que la cara se me pone roja. Odio estas situaciones. Ya ni siquiera tengo hambre. Me siento mal. Si me quedo, Zach se burlará de mí. Si me voy, se burlará igual. Así que me quedo. Me estiro y empujo la barbilla hacia afuera, como lo hace Zach.

Él se da cuenta.

—No me imites, chiflado —dice.

—No lo hago —me burlo.

Recojo la bandeja de plástico y sigo la fila. Le hago una seña con la cabeza a la señora del almuerzo.

—Deme los nuggets de pollo.

—Deme los nuggets de pollo —repite Zach con voz aguda de niña.

El verano pasado, habría pensado que era divertido. Pero ahora no. Todo me parece una mierda por estos días.

—Olvidé mis cubiertos —digo cuando me toca pagar—. Tengo que regresar a buscarlos. ¿Por qué no pagas y nos buscas una mesa? Yo te alcanzo.

—Está bien, estúpido —dice Zach.

Me tomo mi tiempo para escoger un tenedor y observo como Zach le paga a la cajera y se va. Vuelvo a la fila.

—Dos dólares —dice la cajera.

Hago un esfuerzo para no poner los ojos en blanco, gruñir o alterarme. Todos los días, la cajera y yo tenemos exactamente la misma conversación. ¿Por qué no puede simplemente recordarlo?

—Programa de almuerzo gratis —digo lo más rápido y bajo posible.

Los dos alumnos de séptimo grado que están detrás de mí hablan entre ellos, pero estoy seguro de que intercambian una mirada.

—¿Nombre? —pregunta la cajera.

—Rex Ogle.

La mujer hace una marca de verificación junto a mi nombre.

Me encamino a alcanzar a Zach y finalmente recobro el aliento. Me pregunto si tendré que pasar por esto cada vez que quiera almorzar con un amigo.

FÚTBOL AMERICANO

Cuando suena el timbre, los pasillos de la escuela se vuelven un avispero. Es como un gran río de niños que corren, pero de esos rápidos peligrosos que aparecen en las películas. Solo hay cuatro minutos entre clases. Sales de una clase, tomas los libros de tu casillero y te diriges a la clase siguiente. Cuatro minutos no es mucho. Apenas es tiempo suficiente para intentar descifrar la combinación de mi casillero.

En la Escuela Intermedia de Birmingham hay estudiantes de sexto, séptimo *y* octavo grados. Todos son más grandes que yo. Siempre he sido un poco bajo y flaco para mi edad. Como mi cumpleaños es en agosto, también soy más joven que la mayoría de los chicos de mi clase. Es horrible, porque salgo y ¡PUM!, me golpea uno de esos gigantes de octavo grado que no miran hacia dónde van. Y luego ¡PUM!, me golpea la mochila de alguien. Entonces ¡PLAS!, choco con un casillero. Es como una máquina de pinball y yo soy la bolita plateada que todos golpean y abofetean.

A la hora del almuerzo ya me siento como un saco de boxeo. Pero hoy tengo algo de suerte. Liam, Todd, Zach y yo finalmente podemos sentarnos juntos. Sin embargo, Derek, el amigo de Liam, también está ahí. Estoy casi seguro de que me odia. No sé por qué. Nunca está de acuerdo conmigo y me mira como si yo estuviera ocultando algo. Tres chicos que no conozco ocupan los asientos restantes.

—Es apenas la tercera semana de clases, pero puedo decirles que ya odio a la Sra. Constance. De todos modos, ¿para qué hace falta la ciencia? —dice Zach.

—Es lo peor —coincide Todd.

—Cien por ciento —añade Liam.

—¿Todos ustedes están en la misma clase? —pregunto.

—Sí, tenemos algunas clases juntos —dice Todd—. ¿Por qué no estás en ninguna con nosotros?

“Porque Dios me odia”, quiero decir, pero me encojo de hombros.

—No sé.

—¿Estás en las clases de recuperación con los retrasados? —Zach se ríe.

—No.

Busco mi agenda en la mochila para comprobarlo.

—¿O eres uno de esos mariquitas que están en todas las clases extracurriculares? —añade Zach.

Todd y Liam se ríen. Dejo la agenda en la mochila. Estoy en tres clases extracurriculares, pero no quiero que nadie piense que soy mariquita.

—¿Quién se está presentando a las pruebas de fútbol americano? —pregunta Derek.

Liam, Todd y Zach levantan la mano. Entonces yo también lo hago.

—¡Chévere! —digo, y todos chocamos las palmas.

—¿*Te vas* a presentar a las pruebas? —me pregunta Derek.

—¿Por qué no?

—Eres demasiado pequeño. Te aplastarán.

Siento que la ira se me acumula en la garganta. Derek siempre está buscando la manera de menospreciarme.

—¿De qué hablas? Podría ser un profundo, un retornador de despejes o un corredor. Ser pequeño funciona para esas posiciones —dice Liam.

—¿Ves? —digo, aunque no sé qué posiciones son esas. Nunca he jugado al fútbol americano. Ni siquiera lo veo porque nuestra televisión apesta. Apenas recibe dos canales. Pero si he sido capaz de aprender todo lo que ya he aprendido por mí mismo, puedo aprender fútbol americano fácilmente.

—Te he visto en la clase de educación física —dice Derek—. Te aplastarán.

Liam se ríe.

—Sabes que eres media pulgada más bajo que Ogle, ¿verdad?

—¡No lo soy! —A Derek se le pone roja la cara.

Todd y Zach empiezan a reírse. Yo también. Ver a Derek enojado me hace muy feliz. Es un idiota. Decido que me uniré al equipo de fútbol americano solo para fastidiarlo.

Me toma casi una semana reunir el coraje para preguntarle a mami y a Sam. Para estar en el equipo de fútbol americano, necesito la firma de mis padres. Voy a decírselo esta noche.

Sam dice que cocinar es cosa de mujeres, pero mami no

sabe cocinar, así que en casa soy yo quien cocina. Hoy fue día de cupón doble, así que tenemos comida. Preparo macarrones con hamburguesa para la cena. Pongo la mesa con platos de papel, toallas de papel dobladas, vasos plásticos y cubiertos de metal. Mami ayuda a Ford a sentarse en su sillita, mientras yo sirvo la pasta con carne humeante en los platos. Los bordes del plato sudan por el calor de la carne. Le agrego mucha sal y pimienta.

—Jálame el dedo —dice Sam.

—No —digo.

—Hazlo.

Le jalo el dedo y se tira un pedo. Ford se ríe tan fuerte que casi se atora con la comida y mami se enoja.

Mastico la comida, nervioso por preguntar por lo del fútbol americano. No sé por qué. Supongo que porque casi siempre que pido algo me dicen que no. Luego mami saca el tema durante semanas para decir que soy muy egoísta. Respiro hondo, pero sigo comiendo. Espero a que mami deje de darle la lata a Sam por lo de encontrar trabajo. Entonces me saco el papel del permiso del equipo de fútbol del bolsillo y lo deslizo hasta el centro de la mesa.

—Quiero unirme al equipo de fútbol americano.

—¡Fuboool! —dice Ford, y lanza un puñado de pasta que me golpea en la cara.

—E-e-ese es m-m-mi ch-ch-chico —tartamudea Sam—. B-b-buen tiro.

—Por supuesto que no —dice mamá—. Te lastimarás.

—No puede ser tan peligroso. Todos mis amigos están en el equipo.

—Si todos tus amigos saltaran por un acantilado, ¿tú también lo harías? —Mami siempre pregunta estupideces como esa.

—Si fuera un acantilado divertido —digo.

—La respuesta es un rotundo *no*. —Mami y yo esperamos que la conversación termine ahí, pero sigue.

—E-e-espera, Luciana —dice Sam—. Si Rex lo q-q-quiere en s-s-serio, t-t-tiene todo m-m-mi apoyo. Eso es m-m-mejor que estar l-l-leyendo l-l-libros todo el tiempo. Le s-s-saldrían algunos m-m-músculos, y tal vez c-c-conseguiría n-novia y dejaría de ser tan m-m-mariquita.

A pesar de la indirecta, me sorprende. Sam nunca me defiende. Me lleva un minuto darme cuenta finalmente de que está de mi lado.

—Sí, eso.

—¡No! —responde mami—. *No* voy a firmar ningún permiso. Rex podría torcerse el cuello por un juego sin sentido.

—N-n-no es un juego s-sin s-s-sentido —dice Sam—. Ayudará al ch-ch-chico a hacer amigos.

—¡DIJE QUE NO! —grita mami, y da un golpe en la mesa.

—¡¿Por qué no?! —grito yo—. Nunca me dejas hacer nada. Al menos déjame hacer esto. ¡Por favor!

Ya no tengo el ojo morado, pero me preparo para tener uno nuevo cuando veo la mirada de mami.

—S-s-solo d-d-déjalo que lo intente —dice Sam.

—Por favor, mami, haré lo que quieras. Sacaré buenas notas, limpiaré la casa y . . .

—Dije que no —gruñe ella—. De todos modos, ¡¿a quién le importan los deportes?!

—A m-m-mí —dice Sam.

—Ah, ¿te refieres a cuando eras luchador? ¿Y a dónde llegaste con eso? No te veo ganando dinero como luchador ahora.

—C-c-cuidado c-como hablas, m-mujer.

—¡¿O qué?! ¡¡No me amenaces!! —grita mami—. ¡Bien! ¡Lo dejo jugar! ¿Quién va a pagar por ello? ¿Eh? ¿Quién pagará los cascos, los protectores y los uniformes? ¿Eh? ¿Quién lo llevará a los partidos? ¿Quién va a cuidar a Ford cuando tengamos que trabajar y Rex esté jugando al fútbol? ¿Una niñera? ¿Y quién pagará por eso? ¿Y si Rex se lastima? ¿Eh? ¡¿Eh?! No tenemos empleos, y mucho menos seguro médico. ¡¿Quién va a pagar las facturas del hospital cuando se tuerza el maldito cuello y yo tenga que limpiarle el culo?!

—No tendrás que limpiarme el culo —digo, tratando de calmar la situación. Pero es muy tarde. Sam y mamá están acalorados.

—Entonces, ¿quién va a pagar por todo eso? —grita ella—. ¡Contéstame!

—Yo p-pagaré por ello —dice Sam.

No estoy seguro de quién está más sorprendido, si mami o yo.

Entonces la mirada de mami se vuelve gélida. La boca se le tuerce en una sonrisa cruel.

—¿Cómo vas a pagarlo? ¿Eh? Eres un perdedor y un holgazán. No eres ni la sombra de lo que fuiste. No tienes dinero. Ni siquiera tienes trabajo.

Sam tira la mesa a un lado. Apenas lo esquivo a tiempo. Los platos de papel y los cubiertos salen volando, los macarrones salpican las paredes blancas. Nunca había visto la mesa de lado. Todo parece andar mal, como si la gravedad se hubiera invertido o como si estuviera en un sueño.

Todo sucede muy rápido después de eso. Sam está frente a mami, gritando, ya no tartamudea. Pero mami no retrocede. No tiene miedo. Ella disfruta este tipo de situaciones. Lo encara. Lo señala con el dedo, le encaja el dedo en la cara, en el pecho. Mami grita tan fuerte que escupe. Le grita cosas sobre su fría madre, sobre su padre alcohólico, sobre lo perdedor que es, le dice que ella necesita salir y encontrar un hombre de verdad, uno que pueda pagar las facturas.

Mi mamá sabe exactamente qué decir para lastimar a alguien.

Cuando veo que a Ford le corren las lágrimas por el rostro y su llanto se ahoga en la tormenta de gritos de Sam y mami, vuelvo en mí. Esto no es un sueño.

Cargo a mi hermano y lo llevo a mi habitación. Cierro la puerta, justo a tiempo, para no tener que ver lo que viene después. Aun detrás de la fina puerta de plástico podemos oírlo, sentirlo. Se escucha la pelea, los gritos que se convierten en golpes sordos y jadeos por falta de aire. Sentimos las vibraciones del suelo cuando luchan y patean, alguien intenta mantenerse firme y fracasa. Sentimos dos cuerpos cayendo al suelo y escuchamos la voz de una mujer gimiendo de dolor. Y aunque bajito, incluso a veinte pies de distancia, reconozco el sonido del aire que se aparta mientras un puño baja, una y otra vez.

Enciendo la radio para bloquear el ruido. Construyo un fuerte de almohadas para Ford. No tengo almohadas grandes y elegantes ni cojines afelpados de sofá, solo la almohada vieja con la que duermo. Pero tengo cajas de cartón de nuestra última mudanza. Tengo chinchetas para fijar mis sábanas a las paredes, creando nuevas paredes, callejones y techos, así que nos escondemos en un laberinto. Finjo que le construí un castillo majestuoso y describo cada ladrillo, barrera y arma que lo protegerá de los monstruos del exterior.

Entre paredes de mantas, escondidos en lo profundo de mi saco de dormir, enciendo una linterna y acerco a Ford hacia mí. Le cuento historias inventadas de mundos lejanos hasta que finalmente se queda dormido. Cuando intento dormirme yo, todavía se escucha la batalla fuera de los muros del castillo. Trato de no moverme y no llorar para no despertar a mi hermano.

No estoy molesto por mí. Estoy molesto por Ford. Y por mi mamá. Normalmente las peleas no son culpa mía. Esta vez lo es.

POR LA MAÑANA, VEO LOS MUEBLES VOLCADOS. A UNA SILLA LE falta una pata y hay una lámpara rota. Todo está salpicado por la comida de anoche, pero ya está seca y ha formado costras. Un enorme cráter vive ahora en la pared, como un cuadro abstracto. El cráter tiene el mismo tamaño que el cuerpo de mi mamá.

Y mi permiso del equipo de fútbol está roto en mil pedazos, esparcidos por toda la sala como confeti.

Mami no dice una sola palabra cuando sale a prepararse el café. Me mira de la misma manera que me mira Derek. Como si fuera mugre. Mugre sucia y asquerosa. Como si fuera malo y patético. Como si estuviera en el medio, estorbando. Me mira como alguien mira la caca de perro en la suela de su zapato.

Quiero odiar a mi mamá por odiarme. Quiero gritar, decirle que me uniré al equipo de fútbol americano le guste o no. Quiero decirle que madure y se comporte como un adulto, que consiga un trabajo y deje de hacerme la vida tan difícil. Quiero decirle todas esas cosas y más. Pero no lo hago.

En lugar de eso, trato de abrazarla.

Ella me aparta. Me mira con sus mejillas rojas e hinchadas y su propio ojo negro e hinchado.

—¿Contento? —me pregunta con su labio partido.

LECTURA LIBRE

—Odio la escuela —dice Liam cuando vamos caminando desde el autobús hasta nuestros casilleros—. Es muy estúpido que tengamos que venir.

—Sí, yo también la odio —miento.

—Preferiría estar en casa —dice Liam.

No digo nada. No quiero estar nunca en casa. Aparte de Ford, no hay nada bueno allí. Prefiero estar en la escuela. Aquí no pienso en todas las cosas malas que pasan entre mami y Sam.

Cuando pienso en eso, la cabeza se me llena de cosas malas. Cosas en las que no quiero pensar. Cuando lo hago, me duelen los pulmones, como si no pudiera recuperar el aliento. Me duele el estómago, tengo ganas de llorar. Pero si empiezo a llorar, nunca pararé.

De todos modos, los chicos no deben llorar. Las niñas son las que lloran.

Por eso me gusta la escuela. Me siento seguro. Cuando estoy en la escuela no pienso en casa. Pienso en las clases y en los amigos o lo que sea. Pienso en las clases de arte, y en montar patineta, y en las películas de las que habla todo el mundo. Pienso en sacar buenas notas o en ser genial o popular, aunque no lo sea. Pienso en formas de guardar mi secreto, para que nadie sepa lo estúpidamente pobre que soy. O simplemente pienso en cosas tontas como el funcionamiento del candado de mi casillero.

Siempre me equivocaba con la combinación. Tenía que hacer cuatro o cinco intentos. Ahora normalmente lo abro a la primera. O a la segunda. Es como si mi cerebro siguiera olvidando si debo girar primero hacia la izquierda o hacia la derecha.

Aparte de lo del almuerzo gratis y de Derek, a quien no soporto, la escuela es bastante buena. Me tomó un mes, pero ahora sé dónde son todas mis clases. Ahora ni siquiera tengo que mirar la agenda porque me la sé de memoria.

El primer período es historia con la Sra. Zimmerman.

El segundo período es matemáticas con la Sra. Tucker.

El tercer período es inglés con la Sra. Winstead, que me odia.

Luego, el almuerzo, que sería divertido si no fuera por el programa de almuerzo gratis.

El cuarto período es taller. El Sr. López es el profesor.

El quinto es informática, que no es una ciencia en absoluto. Simplemente escribimos cosas una y otra vez. Cuando la Sra. Reagan no me mira, me pongo a jugar.

El sexto período es ciencia (real) con el Sr. Chang.

El séptimo período es arte con la Sra. McCallister. Ella es muy chévere. Definitivamente arte es mi clase favorita. La Sra. McCallister nos organiza una fiesta con pizza el último viernes de cada mes así porque sí. Si yo fuera profesor, sería así. Haría cosas agradables, solo por el hecho de poder hacerlas.

La Sra. Winstead es todo lo contrario. Es lo peor, es mala

conmigo sin ningún motivo. Bueno, supongo que tiene un motivo. Está enojada conmigo porque soy pobre, lo cual ni siquiera es culpa mía. Podrías pensar que lo estoy inventando, pero no es así.

Justo ahora, entro a la clase de inglés y ella me mira mal. Como si fuera a robarle. Aprieta el bolso contra su pecho, lo guarda en la gaveta de su escritorio y cierra con llave. Todo el tiempo me mira mal. Creo que eso es bastante jodido.

Es por mi apariencia. Mi papá es blanco y mi mamá es mexicana. Tengo la nariz de él, pero la piel de ella. Me bronceo muy fácil. Como siempre estoy afuera bajo el sol de Texas, mi piel es muy oscura. Parezco completamente mexicano. Y también tiene que ver con mi ropa. Todo me queda demasiado grande. La Sra. Winstead probablemente cree que la robé. Pero no lo hice.

Mami compra en lugares de segunda mano, como Goodwill y Salvation Army. Y también toma lo que tiran los vecinos, quienes dejan que mi mamá revise las bolsas primero. Por eso mucha ropa me queda grande, porque antes le perteneció a otra persona. Generalmente a algún adulto. Eso sí, no está sucia. Mami siempre la lava dos veces antes de que me la ponga.

En la clase de inglés, lo primero que hacen los estudiantes es sacar los cuadernos. En la pizarra hay diez palabras de vocabulario y diez palabras de ortografía. Se supone que las escribamos. Sin hablar. A la Sra. Winstead le gusta el silencio.

Estoy escribiendo las palabras y la Sra. Winstead pasa junto a mi pupitre y me huele. ¡Me *huele*! Me olfatea como un perro.

Pero no apesto. Como dije, mi ropa está limpia. Y me ducho todas las mañanas. Con jabón y champú.

De todos modos, la Sra. Winstead vuelve a olfatearme. Está bien, que me huela.

Después de escribir las palabras, tenemos "lectura libre" durante diez minutos. Lectura libre significa que podemos leer lo que queramos. Me encanta leer, pero no las cosas cursis para niños. Me gustan las historias para adultos, especialmente la ciencia ficción y el terror. Saco mi libro de la mochila y me sumerjo, emocionado. La lectura libre es la mejor parte de mi día, aunque solo dure diez minutos.

El salón está en silencio hasta que la Sra. Winstead me arrebata el libro.

—¿Qué es esto?

Todos me miran. No sé por qué pregunta. Es decir, ella sabe leer, así que estoy seguro de que puede leer el título. Está mirando la portada del libro como si fuera una revista sucia.

—¡¿Qué es esto?! —pregunta de nuevo.

Quizás no sepa leer. Sería divertido que una profesora de inglés no supiera leer.

Señalo el título del libro y leo en voz alta:

—Stephen King. *La danza de la muerte.*

—No estás leyendo esto —dice.

—Lo estaba haciendo hasta que me lo quitó.

—Tiene más de mil páginas.

—¿Y? Es acerca del fin del mundo. Me gusta ese tipo de cosas . . .

—No debes mentir para impresionar a la gente —dice la Sra. Winstead.

Algunos chicos bufan, como si les pareciera gracioso.

—No estoy mintiendo —digo. La cara se me pone caliente. No me gusta que la gente me mire fijamente. Es como cuando mami empieza a pelearme en público—. Lo *estoy* leyendo.

—En ese caso, no deberías leer esta *porquería.* —La Sra. Winstead pone una cara como si hubiera mordido un limón. Los labios se le curvan en las puntas, como si fuera muy astuta—. Quizás debería llamar a tu madre y decirle lo que estás leyendo.

Casi le digo "Adelante" porque sé que nos cortaron la línea telefónica, pero no quiero que la Sra. Winstead lo sepa. En cambio, digo:

—A mi mamá no le importa. Fue ella quien me lo compró.

Toda la clase se ríe. La Sra. Winstead está muy enojada ahora. Deja el libro sobre mi pupitre y se marcha furiosa.

Técnicamente, mami no me lo compró. Yo lo compré. Pero ella sabe que lo tengo. Mami no me deja comprar libros nuevos, dice que es un derroche de dinero. Pero hay una tienda en Main Street que solo tiene libros usados. Incluso intercambian libros, así que voy mucho allí.

La única regla de mami es que los libros no tengan temas sexuales ni sean novelas románticas, lo cual está bien. Todas esas cubiertas tienen mujeres cayendo en brazos de hombres con el torso desnudo. No me agarrarían ni muerto con uno de esos libros.

Pero si una cubierta tiene naves espaciales, ciudades extrañas o monstruos, me emociono. Me encantan las historias de fantasía. No pueden suceder en el mundo real, pero desearía que sucedieran. Principalmente porque en la vida real las cosas no son tan geniales. Pero en los libros, los villanos, como la Sra. Winstead, siempre reciben su castigo. Además, suele haber un final feliz.

Me gustan los finales felices, aunque sean solo fantasías.

MESAS

Hay dos chicas justo frente a mí en la fila del almuerzo. Ambas tienen abundante cabello rubio y ropa que parece nueva. También usan joyas, oro y diamantes, y hasta perfume.

—El padre de Kelly perdió su trabajo y su madre nunca trabajó, así que ahora están totalmente arruinados —dice una de ellas—. Ahora ni siquiera puede pagarse el almuerzo, así que su madre le prepara un patético sándwich de mortadela todos los días.

—*Puaj*, la mortadela es asquerosa —dice la otra chica.

—Lo sé. Es patético. Ya *no puede* sentarse con nosotras durante el almuerzo.

Quiero decirle que ella no es tan especial, que simplemente nació en la familia adecuada. De pronto me viene a la mente una imagen donde la agarro por el cabello o la pateo. Lo mismo que Sam le hace a mami. Pero no lo hago. No soy así. Nunca le pegaría a una chica. Nunca. Siento un gran peso en el pecho solo de pensarlo. Me pregunto si soy malvado. Pero no puedo evitarlo. A veces no puedo controlar mis propios pensamientos.

Las dos chicas empiezan a reírse de su examiga. Son horribles.

Pero aun así hay una parte de mí que quiere ser como ellas. Realmente, solo quiero su dinero. Si lo tuviera, no trataría mal a los pobres. No entiendo por qué la gente actúa como si ser pobre fuera una enfermedad, como si estuviera mal o algo así. Es difícil ser pobre. Ser rico es fácil.

Las dos chicas ni siquiera miran a la cajera cuando le entregan el dinero del almuerzo. Apuesto a que estas dos ni siquiera piensan en el dinero ni en su procedencia. Probablemente sus padres les dan veinte dólares al día sin pestañear. Mientras tanto, yo hago fila todos los días con el estómago revuelto al acercarme a la cajera. Lo odio.

He probado de todo para salirme con la mía en el programa de almuerzo gratis. Nada ha funcionado. Una vez, escribí mi nombre y "Programa de almuerzo gratis" en un papel. Se lo entregué a la cajera, esperando que lo leyera y que nadie a mi alrededor lo oyera. Pero ella me dijo:

—Ay, cariño. Olvidé mis gafas en casa. ¿Puedes leérmelo?

Así que eso no funcionó. La semana pasada esperé para ser el último estudiante en la fila. No importa cuántas veces dije: "Puedes pasar delante"; siempre aparecían más estudiantes. Al final me quedaron solo dos minutos para almorzar antes de que sonara el timbre.

Hoy tengo una nueva idea. Cuando llego a la caja registradora, señalo la carpeta roja y digo:

—Página 14. Rex Ogle.

La cajera asiente. Aunque es lenta porque es mayor, anda con más rapidez que la mayoría de los días. Toma la carpeta roja, encuentra la página y pone la marca al lado de mi nombre.

Me toma un segundo darme cuenta de que funcionó. Lo logré. Me siento genial. No tuve que decir esas palabras que odio, las que me hacen sentir como un mendigo: "almuerzo gratis".

Mi alegría no dura más de dos segundos. Mientras me alejo, los estudiantes detrás de mí preguntan:

—¿Qué hay en la carpeta roja?

No miro atrás. Agacho la cabeza y corro hasta que el Sr. López grita:

—¡Ogle, no corras en la cafetería!

Como si eso no fuera suficiente, cuando llego a la mesa de Liam, está llena otra vez.

—La próxima vez, llega antes —dice.

Derek me muestra una sonrisa malvada.

Todd y Zach están sentados en la mesa de al lado. Solo queda un asiento. Otro niño intenta agarrarlo, pero yo corro y lo agarro primero.

—Lo siento.

—Socio, ¿puedes creer lo brutales que están los uniformes? —dice Todd.

—Las camisetas están geniales —dice Zach.

—¿Qué camisetas? —pregunto.

—Nuestros uniformes de fútbol americano.

Liam cambia de asiento para unirse a nosotros.

—Estoy muy contento de que todos formemos parte del equipo. Será muy divertido.

—Lo sé. Estoy impaciente por que llegue nuestro primer juego —dice Todd—. Todas esas porristas nos estarán animando.

—Probablemente nos dejarán llegar a segunda base. —Zach

sonríe y hace un gesto de tocarse el pecho con las manos—. He oído que las porristas son fáciles con los jugadores de fútbol.

—¿Qué te pasó, Ogle? —pregunta Liam—. Pensé que tú también ibas a jugar.

Una sensación de malestar se apodera de mi estómago y hace que se me retuerza. Pienso en el ojo morado de mami y en el agujero en la pared. Me meto dos papas en la boca e indico que no puedo hablar mientras mastico. No sé qué decir. La verdad no es una opción.

—El fútbol no es lo mío —respondo finalmente.

—¿Viste? Te lo dije —le dice Zach a Todd.

—¿Qué le dijiste?

—Que te arratonarías. Siempre lo haces.

—No, no es cierto —protesto.

—Es cierto. Como aquella vez en el parque de patinaje. No querías dejarte caer por la rampa.

—Me torcí el tobillo —digo.

—Lo que tú digas —dice Zach, poniendo los ojos en blanco.

Mis amigos se ríen. Odio que se rían de mí. Entonces digo algo que no debería.

—Al menos no uso maquillaje para taparme los granos.

Todd y Liam se echan a reír y señalan. Zach me hizo prometer que nunca se lo diría a nadie. Y nunca rompo mis promesas. Generalmente.

¿Por qué tenía que burlarse de mí así? Zach está enojado, tiene la cara roja y aprieta los puños, como si fuera a pegarme. Si lo hiciera, no lo culparía. Siento que todo el cuerpo se me tensa, como unos segundos antes de que mami o Sam me golpeen.

Pero Zach no lo hace. En lugar de eso, dice:

—Que te jodan, saltador de vallas. Vuelve al otro lado de la frontera.

Ahora Liam y Todd se ríen de mí.

—Buena esa, modelo de portada —digo.

—Hispano asqueroso —escupe Zach.

Liam y Todd se ponen rojos como una fresa de tanto reír, tan fuerte que se quedan sin aire. Intento reírme también, como si creyera que es gracioso. Para encajar, supongo. Pero es raro reírme de mí mismo, de la forma despectiva con que la gente se refiere a mi abuela. Ella me ha contado historias. Reírme de sus insultos se siente mal.

Zach sabe que ha ganado, así que se relaja y sonríe. Me pregunto si todos los amigos son tan malos entre sí.

Al día siguiente, cuando voy a sentarme con los chicos, están sentados en una mesa diferente. Hay un espacio entre Todd y Liam.

—No puedes sentarte aquí. Solo jugadores de fútbol —dice Derek cuando voy a sentarme.

—Lo que tú digas. —Voy a sentarme de todos modos.

—Lo digo en serio. *No puedes* sentarte aquí —dice Derek poniéndose de pie.

Miro a Liam, Todd y Zach, pensando que mis amigos saldrán en mi defensa. Liam se mira los pies. Todd abre un libro y comienza a pasar las páginas. Zach choca puños con Derek:

—Es como él dice.

En la escuela intermedia es importante tener un lugar donde sentarse, porque significa que tienes amigos. Los chicos populares se sientan juntos en una mesa. Los jugadores de fútbol se sientan cerca. Las porristas también. Los chicos de la banda de música están en un área, los del periódico escolar y los del anuario, en otra. Los chicos religiosos tienen una mesa. También la tienen los chicos que juegan a Dungeons & Dragons. La cafetería funciona así.

Todos tienen su lugar. Todos menos yo.

CONEJO BLANCO

—¿Cómo te va en la escuela intermedia? —pregunta Benny. Es mi vecino en Vista Nueva. Tiene el pelo naranja y sucio, y todo el cuerpo cubierto de pecas. Es dos años menor que yo, pero a ambos nos gusta G.I. Joe y el heavy metal, así que andamos juntos de vez en cuando.

—Es estúpida —digo, clavando un palo en la tierra.

—Yo también odio la escuela —dice Benny, utilizando el encendedor de su padre para quemar la mano de su G.I. Joe—. Me pusieron en una clase de tontos porque no sé leer bien.

—Eso apesta.

No le cuento a Benny de mis calificaciones. No es porque sea inteligente ni nada por el estilo. No lo soy. Simplemente trabajo muy duro. Siempre estoy estudiando. Las personas que son realmente inteligentes no tienen que hacerlo. Ven o escuchan algo y se les graba para siempre. Mi cerebro no es así. Probablemente porque siempre me estoy saltando comidas.

—¿Por qué odias la escuela? —pregunta Benny.

Me encojo de hombros. No es la escuela lo que odio. Son mis amigos. O el hecho de que no tengo ninguno. Pero no le digo eso.

—¿Qué están haciendo, bebecitos? —pregunta Brad.

—No somos bebecitos —le grita Benny a su hermano mayor.

Brad tiene trece años y fuma cigarrillos. Siempre lleva una chaqueta de cuero aunque haga mucho calor. Anda con Javi, el sobrino del encargado de mantenimiento.

—A mí me parecen bebecitos. —Brad le da una calada a su cigarrillo y sopla el humo en la cara de Benny—. Jugando con muñecas.

—No son muñecas —dice Benny.

Me meto en el bolsillo mis figuras de Storm Shadow y Snake Eyes.

—¿Quieren ver algo con clasificación X? —nos pregunta Javi—. Vamos.

Mami me ha dicho que no ande con Brad y Javi. Ella los llama una "mala influencia". No me importa. Debería haber pensado en eso antes de echarme del apartamento una calurosa tarde de domingo.

—No deberías estar leyendo cuando el sol está afuera —dijo, empujándome hacia la puerta de la calle.

Le dije que era tarea, y lo era, pero a ella no le importó. Solo me echó para poder tener la casa para ella y para Sam mientras Ford dormía la siesta. Ella siempre hace ese tipo de cosas.

Benny y yo seguimos a Brad y a Javi. Javi nos lleva al apartamento de su tío. En el interior el aire es fresco, pero huele a cerveza rancia y a cigarrillos. Veo un par de cucarachas corriendo en busca de refugio. El lugar está lleno de botellas vacías, cajas de pizza, ropa sucia y revistas viejas. Apenas se puede ver la alfombra. Por una vez, me alegro de que mami siempre esté limpiando nuestra casa.

—Vamos.

Javi nos lleva hasta el dormitorio de su tío. Está aún más desordenado que la sala de estar. La cama de agua está llena de ropa sin doblar. Hay herramientas y monedas esparcidas por todo el suelo. Clavos, monedas de cinco centavos, tornillos, monedas de diez centavos, monedas de un centavo, arandelas, monedas de veinticinco centavos. Me pregunto cuánto dinero hay.

—¿Están listos? Miren esto.

Javi quita la manta que cubre una pecera. Es la pecera más grande que he visto en mi vida. En el interior hay una rama larga y algunas piedras. Me toma un segundo ver la serpiente gigante tendida sobre la rama.

—Es una boa constrictora —dice Javi—. Pueden crecer hasta seis metros y tragarse a un hombre entero.

—Sí, claro —dice Benny.

—Es verdad —sisea Brad—. Su tío la compró en el mercado negro en Sudamérica. La trajo a Estados Unidos cuando era una bebé. ¿Saben lo que come? —Brad agarra a su hermano menor y le presiona la cara contra el cristal—. ¡Niñitas como tú!

Benny grita. Javi y Brad se ríen, aun después de soltar a Benny. Brad suele ser buena onda, pero siempre se luce delante de sus amigos. Odio cuando la gente se luce. Aunque yo también lo hago.

—Eres un estúpido, Brad. ¡Te odio! —dice Benny—. ¡Se lo diré a papi!

—No seas así —dice Brad—. Mira, realmente te traje aquí para mostrarte algo genial.

Javi saca una caja de cartón blanca del armario. Dentro hay un conejo blanco.

—Esto es lo que realmente come la serpiente.

—¿Qué? —chillo.

—Las serpientes no comen comida para perros. Necesitan algo vivo —explica Javi—. Dos veces al mes, mi tío compra un conejo en la tienda de mascotas. Este se lo dieron gratis porque es ciego.

Agita la mano frente a los ojos del conejo, que no reacciona.

—No lo hagas —murmura Benny, con los ojos llenos de lágrimas.

—Esto es parte del ciclo natural —dice Brad—. Los animales grandes se comen a los pequeños.

Javi destapa la pecera y mete al conejo en el interior. El conejo se deja caer sobre las piedras y comienza a olfatear. Mueve el hocico y tropieza. Benny hace todo lo posible por no sollozar, pero no puede ocultar las lágrimas.

Yo tampoco quiero verlo, pero no puedo apartar la mirada. Estoy asustado y exaltado a la vez. Me recuerda cuando tenía ocho años y vi a mi gata tener gatitos. Fue algo muy asqueroso, pero también asombroso. Esto se siente igual. Y Brad tiene razón. Es el ciclo natural. Cuando cenamos en KFC, me como el pollo frito sin huesos. Los pollos están vivos antes de que te los comas, ¿cierto? Pero hay que comer para vivir.

Me pregunto cuánta hambre tendría que tener para comerme un conejo.

Los cuatro nos quedamos allí durante casi dos horas, esperando ver como la naturaleza seguía su curso. Pero la serpiente no hacía nada. Finalmente, llega el tío de Javi.

—¡¿Qué están haciendo todos ustedes en mi habitación?! —espeta.

—Queríamos ver a la serpiente comer —dice Javi—. Pero no lo hace. Ese conejo ciego lleva horas ahí dentro.

—Ya ha pasado antes —resopla el tío, molesto—. La maldita serpiente no se come a los discapacitados. Siente que algo anda mal.

—¡Bien! —dice Benny—. ¡Todos ustedes son unos asesinos!

—¡Salgan de mi casa! —grita el encargado de mantenimiento.

Los cuatro salimos corriendo.

ESA NOCHE, ESTOY ACOSTADO EN MI SACO DE DORMIR PENSANDO en el conejo y la serpiente. Me pregunto cuál soy yo. Decido que soy la serpiente, porque las serpientes son bastante impresionantes. Además, quiero ser el que come, no el que es comido.

Pero cuanto más lo pienso, más creo que estoy equivocado. En casa soy un conejo. La mayoría de los chicos lo son, ya que los padres están a cargo. Pero en la escuela también soy un conejo. No juego al fútbol americano, no puedo pagarme el almuerzo y no tengo amigos. Me pregunto si soy un conejo normal o un conejo ciego.

Empiezo a sentirme muy molesto y me empieza a doler el estómago, así que trato de no pensar más en eso. Pero ahora es en lo único en lo que pienso. Cerebro estúpido.

COMIDA RÁPIDA

Mami dice que comer comida rápida es más barato y menos complicado de limpiar. A donde más vamos es a McDonald's. No me gusta que les pongan cebolla picada a las hamburguesas, pero me gustan los Happy Meals porque vienen con juguetes. Aunque soy demasiado grande para eso, me recuerda cuando era más chico. Más feliz.

A veces vamos a Burger King, Jack in the Box o Taco Bell. Taco Bell es mi favorito. Me gustan más los tacos crujientes, pero solo me los como con carne y queso. Odio la lechuga y el tomate. Les pongo un montón de salsa picante.

KFC también es bueno. Pero mami dice que los huesos del pollo ocupan demasiado espacio y no traen suficiente carne. También me gusta mucho Wendy's porque le ponen tocino a la hamburguesa del menú de un dólar y, a veces, mami me deja comprar un Frosty si tiene un cupón.

Pero mi favorito es Chick-fil-A. Solo está en los centros comerciales y siempre cierra los domingos porque los empleados van a la iglesia. Mami nunca me deja comer de ahí, dice que es demasiado caro. Pero casi siempre hay una señora agradable al frente con muestras gratis. Normalmente tomo una muestra y luego pido otra para mi hermano. Pero me la como yo también. Los *nuggets* de pollo son increíbles. Cuando visito a abuela en Abilene, o ella viene, vamos al centro comercial solo por Chick-fil-A. Los *nuggets* vienen en una cajita de cartón blanca y roja. Nadie más hace eso. Si no estuviera tan grasosa, me quedaría con la caja y guardaría cosas en ella.

—¡¿Por qué sacas cosas de la comida?! —me grita mami—. ¿No tienes hambre?

—Es la cuarta vez esta semana que cenamos comida de McDonald's —digo.

—¿Y?

—No sé. Me está poniendo malo el estómago.

Últimamente me duele mucho el estómago. Como si alguien me apuñalara con un cuchillo. Se lo sigo diciendo a mi mamá, pero ella no me lleva al médico porque no tenemos seguro.

—¡A la mayoría de los niños les encantaría comer de McDonald's todas las noches! —grita mami.

—¡Ma-Donaaaaa! —Ford junta las manos y se ríe.

—¿Ves? —dice mami—. Ahí lo tienes.

—No me siento bien —digo.

—¿Crees que sea la comida?

—No lo sé —digo—. Leí un artículo en la escuela sobre lo malo que es para la salud comer demasiada comida rápida.

—Ah, ahí vamos. ¡Lees un artículo y ahora eres el Sr. Ciencia! ¿Eres médico ahora? ¡No! ¡No lo eres! Deja de ser hipocondríaco.

—¡No lo soy! —digo, aunque no sé qué es eso—. Pero piénsalo.

La comida es barata, ¿verdad? Eso significa que los propietarios no pueden gastar mucho dinero en ingredientes frescos. ¿Y si ni siquiera es carne de verdad?

—Estás siendo ridículo. Es buena. Cumple con todos los requisitos alimentarios. La hamburguesa tiene pan, carne y queso. Y tienes verduras en las papas fritas.

—Eso no me parece correcto —digo.

—¿Qué vas a saber tú? ¡Nada! —espeta mami—. Lo he dicho antes y lo diré de nuevo: cuando empieces a pagar tú la comida, podrás elegir dónde comemos.

La noche siguiente, mami nos lleva a Ford y a mí otra vez a McDonald's, como si necesitara demostrar algo.

—¿Por qué venimos aquí otra vez? —pregunto.

—No te entiendo. La mayoría de los niños matarían por comer hamburguesas y papas fritas todas las noches.

—Bueno, yo no soy la mayoría de los niños.

—¡Eso es muy cierto! —gime mami.

En la caja, mami hace el pedido para Ford y para mí. Siempre hace lo mismo. No tenemos elección. Nunca me pide la hamburguesa sencilla y siempre tengo que quitarle las cebollitas. Cuando termino de quitarle las cebollas, la hamburguesa ya está fría. El pan también sabe a cebolla. Qué asco.

—¿Puedes pedir la mía sencilla? —pregunto—. ¿Por favor?

—No seas complicado —espeta mami—. Ve a buscar una mesa.

Encuentro una mesa cerca, para poder gritar "¡Sencilla!" cuando pide mi hamburguesa. Esta vez noto algo raro. Cuando la cajera le dice el total de nuestra comida, mami no saca dinero en efectivo ni su chequera. Paga con algún tipo de cupón o vale.

—¿Qué fue eso? ¿Con qué pagaste? —le pregunto cuando se sienta.

Mami pone los ojos en blanco.

—Métete en tus propios asuntos —dice.

Unas semanas más tarde, estamos en la lavandería del apartamento. Estoy pasando ropa de la lavadora a la secadora. Mami usa algunas de las monedas para hacer una llamada telefónica. Finjo no escuchar, pero lo hago.

—Llamo para presentar una queja —dice mami—. La cajera de su establecimiento fue muy grosera conmigo. Mi hijo pidió una hamburguesa sencilla, sin queso. Verá, él es alérgico.

—¿Qué? —digo—. No lo soy.

Mami me da una palmada en el brazo y dice "¡Cállate!" moviendo los labios sin hablar.

—Así es, intolerante a la lactosa —continúa mami—. Terrible enfermedad. En fin, la hamburguesa que le dieron tenía queso. Se la devolví a la cajera y le expliqué, y le pedí amablemente que solucionara el error. ¿Sabe lo que hizo? ¡Me gritó!

Mi madre miente. No soy alérgico al queso. Y ninguna cajera le gritó. Si lo hubieran hecho, ella habría gritado también.

—Sí, señora. Yo también me sorprendí. Frecuento su establecimiento al menos dos veces por semana con toda mi familia. No puedo imaginar por qué la cajera fue tan grosera conmigo. Pero pensé que debería saberlo. Realmente arruinó mi experiencia y no sé si podría volver allí . . . ¿Oh? ¿Puede hacer eso? Bueno, no lo sé. Realmente fue horrible. Quizás se lo cuente a algunos de mis amigos en la iglesia. ¿Lo hará? Eso sería maravilloso. Sí. Sí. Aquí está mi dirección . . . .

MAMI Y SAM DICEN QUE TENGO QUE GANARME LA VIDA. POR ESO cocino, limpio, paso la aspiradora, cuido de Ford, lavo la ropa, saco la basura y reviso el correo. Solo tenemos una llave del buzón, así que la tengo en mi llavero. Mi trabajo es revisar el correo todos los días. Si no lo hago, me meto en problemas.

Supongo que soy entrometido porque reviso el correo. Todas las cartas. Es una tontería, pero sigo esperando que una diga que me gané la lotería. Pero nunca sucede. Nadie me envía cartas. Bueno, solo abuela. Pero hoy, entre las facturas vencidas y algo del IRS, me llaman la atención dos sobres.

Uno es de McDonald's. El segundo es de Taco Bell. He visto estas cartas en nuestro buzón docenas de veces, pero siempre pensé que era propaganda, así que nunca les presté atención. Pero esta vez recuerdo la llamada telefónica de mami.

El sobre de Taco Bell no está completamente cerrado. La humedad debe haber hecho que el sobre se despegara. Miro a mi alrededor y me aseguro de estar solo en la sala de correo. Luego miro hacia adentro.

Hay una carta disculpándose por el mal servicio al cliente. También hay cinco vales de comida gratis. La cabeza me empieza a dar vueltas. Estoy tentado a abrir el otro sobre, pero no lo hago. En lugar de eso, pongo la carta y los vales tal como estaban, lamo el sobre y lo cierro. Cuando llego a casa, dejo el correo sobre la mesa como hago siempre. Pero no puedo mantener la boca cerrada.

—¿Recibiste esos vales porque llamaste y te quejaste? —le pregunto a mami tan pronto como los abre.

Me mira con los ojos entrecerrados, enojada. Luego se encoge de hombros.

—Sí. Por supuesto que lo hice. Las grandes empresas quieren mantener contentos a sus clientes. Y yo nunca estoy contenta.

Mami sonríe y se abanica con los vales.

—¿Y si despiden a esa cajera por tu culpa?

—No dije su nombre —dice mami.

—Pero ¿eso no es robar?

—No, no lo es —responde mami—. Esas grandes empresas ganan millones con la gente pobre como nosotros porque no podemos permitirnos comer en ningún otro lugar. Entonces me imagino que si les doy mi dinero, debería recuperar algo. Pueden darse el lujo de darme algunas comidas extra de vez en cuando. Son megarricos. Es realmente fácil. Lo único que tengo que hacer es llamar y quejarme y me envían vales gratis.

Me siento asqueroso, como si entrara en esos locales de comida rápida y me robara la comida directamente del mostrador. Ojalá nunca hubiera mirado dentro de ese sobre. Ahora lo sé. Nuestra comida rápida no era barata: era gratis. Como mi almuerzo en la escuela.

INVITACIÓN

Me siento solo durante el almuerzo. La mesa está en el extremo más alejado de la cafetería. Desde aquí puedo ver a Liam y a los demás del equipo de fútbol americano. Hoy todos visten sus camisetas rojas con letras blancas. En la parte de atrás tienen el número y el apellido.

Las están usando porque hoy hay un espectáculo de porristas. Una vez al mes, el cuerpo estudiantil (que es una forma extraña de decir todos los estudiantes de nuestra escuela) sale del séptimo período treinta minutos antes para ir al gimnasio. Todos se sientan en las gradas. La banda toca y las porristas hacen saltos y pirámides e intentan que todos se pongan de pie. Luego salen los futbolistas con sus camisetas y todos los aplauden y los animan.

Es como una iglesia, pero para el fútbol americano en lugar de para Dios. Aunque tal vez esté equivocado. Hace mucho tiempo que no voy a la iglesia.

En fin, estoy sentado solo, y me siento avergonzado y tonto. Siento que ya no valgo para nada. Soy pobre, uso ropa de segunda mano, no puedo estar en el equipo de fútbol americano. Tan solo mencionarlo hizo que mi mamá recibiera una buena paliza. Yo no quería eso. Solo quiero ser como todos los demás.

Pensar en casa me pone nervioso, y me enoja mucho y me entristece al mismo tiempo. No sé cómo, porque son dos sentimientos diferentes, pero los siento al mismo tiempo y eso me pone muy mal.

Estoy contemplando mi almuerzo gratis y me viene una imagen a la cabeza en la que lanzo la bandeja a través de la cafetería y grito a todo pulmón. No lo hago, pero eso es lo que estoy imaginando. Es entonces que Luke Dodson y una chica se acercan con sus bandejas.

—¿Podemos sentarnos contigo? —pregunta él.

—Es un país libre.

No sé por qué dije eso. Es como si mi boca siempre estuviera diciendo cosas antes de pensarlas. Sueno como un idiota.

Luke Dodson es más alto que todos los demás en sexto grado. Lleva una camiseta color pastel y pantalones de vestir plisados. Lleva unos zapatos muy bonitos hechos de cuero, creo que se llaman mocasines, y no tienen ni una pizca de churre. Lleva el cabello peinado hacia un lado, ni un pelo fuera de lugar. Sonríe con una gran sonrisa de dientes blancos. Tiene frenillos, aunque no sé por qué. Sus dientes están exactamente donde deberían estar. No como los míos, que sobresalen en ángulos erráticos en algunos lugares.

La chica también está muy bien vestida. Lleva un vestido a cuadros que le cubre gran parte del cuerpo, no como se visten algunas chicas en la escuela. Cuando me ve mirándola, ella también sonríe. Bajo la mirada rápidamente.

Luke extiende su mano.

—Soy Luke Dodson.

Es un poco formal, lo cual es extraño. No era así el año pasado.

Primero le miro la mano para asegurarme de que no sea un truco. Algunos chicos se ponen mantequilla de maní en las manos como broma, o tienen uno de esos zumbadores de mano, como en los dibujos animados. Pero Luke no tiene nada de eso.

—Lo sé. Fuimos juntos al quinto grado. En la escuela primaria Lyndon B. Johnson. Estabas en el salón de al lado, en la clase de la Sra. Shaker.

—Ah, sí. —Luke se ríe—. Me pareció que eras tú. Tienes el cabello más largo ahora. Rex Doyle, ¿cierto?

—Ogle. Pero sí.

—Soy Polly Atherton —dice la chica.

Le doy la mano también. Creo que Polly es un nombre gracioso, pero no lo digo.

—¿Por qué estás sentado solo? —pregunta Polly.

No sé lo que esperaba, pero no esperaba esa pregunta. Por lo general, los chicos que no se conocen hablan sobre el clima, las clases o sus programas de televisión favoritos. No preguntan cosas personales.

—No lo sé —digo, lo cual es cierto.

—¿Te gustaría sentarte con nosotros? —pregunta Luke.

—Estoy sentado con ustedes.

Luke se ríe de nuevo.

—Eres gracioso, Rex. Quiero decir que si quieres sentarte con el resto de nuestros amigos. Allí. —Señala.

Dos mesas de estudiantes nos están mirando. No me di cuenta

de que teníamos audiencia y ahora siento que se me pone la cara caliente. Uno de los chicos saluda. Todd me habló de los chicos que se sientan en esas mesas. Son verdaderamente religiosos. Se sientan juntos, hablan sobre cosas de la iglesia y hacen ventas benéficas de pasteles y esas cosas. Incluso rezan antes de comer. No se comen ni una sola papa frita hasta que terminan de rezar. Y no rezan hasta que están sentados todos juntos.

—Estoy bien aquí —digo.

—Bueno, queríamos que supieras que puedes sentarte con nosotros cuando quieras —dice Luke.

—Gracias —digo.

Estoy esperando que me diga la razón. La gente no es amable sin motivo alguno. La gente solo es amable cuando quiere algo.

Estoy bebiendo mi leche con chocolate cuando Polly me pregunta:

—¿Has aceptado a Jesucristo como tu Señor y Salvador?

Reacciono, entre atorándome y resoplando, y la leche con chocolate se me sale por la nariz. Agarro la servilleta y me limpio la cara por si salió algún moco.

—Oh, este . . . eh, no, supongo que no.

Luke luce irritado, como si Polly se le hubiese adelantado a contar el final de un chiste que estaba tratando de hacer. Intenta suavizar la cosa.

—¿Tienes una casa de culto?

—¿Quieres decir, una iglesia? —pregunto—. No. Solía ir con unos amigos, pero mi mamá me hizo dejar de ir. A ella no le gusta demasiado la religión.

Luke se frota la barbilla.

—Ya veo. Está bien. Cada uno tiene un camino diferente.

—¿Crees en Jesucristo? —pregunta Polly.

—Sí. Creo que sí. Es decir, sería genial si viviera. Tenía superpoderes, ¿no?

—Los tenía. —Luke se ríe—. Y es genial. Me alegra que pienses lo mismo.

—¿Qué quieres decir con que *si* viviera? Él vivió —dice Polly, molesta—. Y todavía está vivo.

—Pensé que había muerto.

—Pero regresó. Resucitó —añade Polly.

—Sí, pero luego murió de nuevo. ¿O ascendió al cielo?

No apostaría mi vida, pero sé bastante de estas cosas. He leído casi toda la Biblia yo solo.

Tiene muchas partes aburridas, especialmente las canciones y los fragmentos de poesía. Pero realmente me gusta la parte de Adán y Eva, y la de Jesús. Mi favorito es el Libro del Apocalipsis, que trata sobre el fin del mundo, con la gran guerra entre demonios y ángeles. Esa parte es increíble, me recuerda a las películas de acción.

Así que sí, no recuerdo los detalles exactos, pero sé que Jesús fue crucificado para poder morir por todos nuestros pecados. No sé si yo podría hacer algo así. Tengo mucho miedo de morir.

—¡Sí, pero todavía está vivo! —gruñe Polly. Ya no sonríe. Tiene los brazos cruzados como si yo hubiera dicho algo ofensivo—. Él está en todas partes todo el tiempo. Eso es lo que es Dios: todo. ¡Y el todo no puede morir!

—Entonces, ¿Dios es como la naturaleza? —pregunto.

—¿Qué? ¡No! —grita Polly.

Luke la hace callar e intenta sonreírme de nuevo.

—Dios es complicado. Pero debes saber que Él no quiere que estés sentado solo. Él te ama.

No es mi intención, pero me río.

Solo por un segundo.

Sinceramente, no es mi intención. Lo juro. Pero si Dios no quisiera que me sentara solo, no *estaría* sentado solo. Es decir, dicen que Dios es todopoderoso. Entonces, si estoy sentado solo, es porque Dios *quiere* que me siente solo. Lo cual es horrible si lo piensas bien, porque ningún chico debería sentirse solo. Y si Dios realmente lo controla todo, eso significa que Dios *quiere* que yo sea pobre y no esté en el equipo de fútbol americano. También significa que Dios permite que la gente se quede sin comer, se enferme y reciba golpes. Y si Dios es un buen tipo, no permitiría que eso sucediera, ¿cierto?

Mi mamá está realmente molesta con la iglesia. Dice que la gente religiosa es toda retorcida, malvada y manipuladora y que solo quiere dinero. Yo no lo creo. Pero tampoco sé si creo en el mismo Dios que ellos.

Pero no digo nada de esto. La gente se vuelve muy susceptible con este tipo de cosas. En cambio, digo:

—Me gusta la idea de Dios. Y Jesús también. Creo que si él realmente murió por todos nosotros, para que podamos ir al cielo, sería algo muy lindo. Pero no estoy seguro de lo que creo. Porque si Dios existe, estoy seguro de que no le agrado mucho.

—¡Qué cosa tan horrible! —Los ojos de Polly se le llenan de lágrimas.

—Dios definitivamente te ama —dice Luke—. Por eso nos

envió a hablar contigo. Deberías venir a la iglesia con nosotros algún día. Vamos a la Primera Bautista. Es la iglesia más bonita de la ciudad. Tenemos un baterista y un guitarrista, por lo que la música es realmente moderna. Si vienes, podrás unírtenos a almorzar después. Todo el mundo va.

Luke me entrega un folleto de la iglesia con un dibujo de Jesús dándome el visto bueno. En la parte de atrás tiene la dirección y dice "¡ALMUERZO GRATIS!". Un escalofrío me recorre la espalda. No sé por qué, pero ya no confío en la palabra *gratis*. Se supone que el almuerzo aquí es gratis, pero parece que me cuesta mucho.

Por otra parte, pienso en los almuerzos después de la iglesia a los que solía ir, con sus grandes bufés estilo "todo lo que puedas comer". Se me hace la boca agua.

Lo considero, pero creo que ir a la iglesia solo por una comida gratis no está bien si realmente no crees en Dios. Y como dije, no estoy seguro de lo que creo.

—Gracias —digo—. Lo pensaré.

Lo digo en serio. Aunque ya sé que mamá dirá que no.

—Genial —dice Luke, y vuelve a estrecharme la mano.

Él y Polly se levantan y vuelven con sus bandejas a su mesa.

A mitad del camino, Polly se da vuelta y prácticamente grita:

—¡Dios *te* ama!

Ella parece realmente molesta. Me siento mal. Entonces me doy cuenta de que mientras ellos hablaban, yo había estado comiendo. Ellos no. De hecho, sus amigos tampoco. Estaban esperando que Luke y Polly regresaran. Observo cómo las dos mesas inclinan la cabeza, juntan las manos y rezan.

Cuando terminan, finalmente empiezan a comer. Creo que rezar es genial. No lo he hecho en mucho tiempo. Me cansé de que todas mis oraciones fueran ignoradas. Quizás lo intente de nuevo, aunque no antes de comer. Por lo general, cuando tengo hambre, rezar no parece tan importante.

MORETONES

Camino a casa con Brad desde la parada del autobús. Está silbando una canción de Metallica que adora. Yo no sé silbar. Cuando lo intento, termino simplemente soplando aire y no produzco ningún sonido.

De repente, Brad me agarra y señala la acera.

—¡Cuidado, socio! El que pise raya, come rana.

—¿Cómo?

—Da mala suerte pisar una raya, idiota. Se podría morir tu mamá.

—Nunca había escuchado eso antes. No puede ser cierto.

—Arriésgate si quieres —dice Brad.

Su madre murió cuando nació Benny. Empiezo a preguntarme cuántas rayas de acera he pisado. Estoy tan absorto en mis pensamientos que casi lo hago de nuevo. Mi pie está media pulgada encima de una raya y me asusto. ¿Y si fuera una verdadera maldición? Medio que salto, medio que giro a un lado para esquivar la raya y tropiezo con el otro pie. Me caigo y me despellejo la rodilla, que me empieza a sangrar.

Brad se ríe.

—Eres casi tan estúpido como Benny.

Brad tiene razón. Soy estúpido. Pero aunque no me guste mi mamá, no quiero que se muera. Quizás Sam sí. Se lo merece por pegarnos a mami y a mí.

Subo las escaleras cojeando hasta nuestro apartamento en el segundo piso. Utilizo mi llave para abrir el cerrojo. Adentro, Ford está sentado en el suelo viendo dibujos animados y mordisqueando la cabeza de mi figura de la princesa Leia.

—¡Para! ¡Eso es mío! —le grito y le quito la figura.

—¡Mío! —grita él.

—No. Es *mío*. Todas las cosas de *La guerra de las galaxias* que hay en *mi* habitación son mías.

—¡No, mío! —grita él—. Mami me dio.

Ella siempre le está dando mis cosas, aunque las esconda en la parte de arriba del clóset.

La sangre me hierve. Me dan ganas de gritarle. Podría haber hecho que muriera, pero me raspé la rodilla para salvarla, ¿y así me agradece? Voy al dormitorio. La puerta está cerrada. ¿Estará tomando una siesta? ¿Con Ford solo en la sala de estar? Ford apenas tiene dos años y medio. Hay que vigilarlo de verdad. Sobre todo porque nuestro apartamento está en el segundo piso y tenemos un balcón con grandes barandillas por las que podría caerse. Ahora estoy realmente enojado. Ford podría haberse lastimado.

Estoy que ardo de la ira. Levanto el puño para golpear la puerta cuando escucho el llanto.

Pero no es un llanto suave. Es espeso, pesado por el dolor.

Solloza. Gime.

Me siento destrozado. A veces odio mucho a mi mamá. Como cuando me golpea. O cuando es realmente cruel. Pero no puedo odiarla cuando llora. Simplemente no puedo odiarla porque es como si ella sufriera tanto que no lo entiendo.

Llamo muy suavemente y abro la puerta.

—¿Mami? —Ella no parece darse cuenta—. ¿Estás bien? —pregunto.

Tiene el rostro enterrado en la almohada. La golpea dos veces y luego suelta un gemido. Un horrible y desgarrador gemido. Solo la he oído llorar así unas cuantas veces antes, como cuando se murió mi hermanita. Es como si tuviera el peor dolor del mundo.

No sé cómo solucionarlo, cómo hacerla sentir mejor. Me siento al borde de la cama. Le pongo la mano sobre el pie para que sepa que estoy ahí. No digo nada. La dejo llorar.

Por la ventana se ve un hermoso cielo azul que brilla con el sol. De la sala de estar provienen ruidos divertidos y felices de los dibujos animados de Ford. Desde fuera llega el olor a pan recién horneado o a galletas. Como si el mundo entero siguiera adelante, sin importar quién esté sufriendo.

El dormitorio de mami está vacío, excepto por el colchón, el somier y el marco de metal de abajo. En el armario hay algunas prendas colgadas en perchas de alambre. Hay un ventilador en la esquina. Eso es todo. No hay fotos. No hay álbumes. No hay libros. Ningún joyero con una bailarina. Ninguna lata con recuerdos. Mi mamá no tiene nada.

Lo más colorido de la habitación son sus moretones. Púrpura intenso como el amanecer, turquesa brillante, impactante amarillo abejorro. Tiene bultos adornándole las piernas y los brazos, con tonos tan brillantes que podrían ser tatuajes nuevos. Pero sé por experiencia propia que deben tener dos días. Ni siquiera sabía que ella y Sam se habían peleado otra vez. Debió haber sucedido mientras estaba en la escuela. Odio que Sam la golpee.

—Di que me quieres —susurra mami.

—Te quiero.

Le aliso el pelo hacia atrás. Ella se acurruca sobre mi regazo y solloza. Pienso en la primera vez que hizo esto. Cuando yo tenía cinco años y mi papá se fue. Lo hizo mucho en esa época. Lo volvió a hacer cuando su novio siguiente se fue. Y de nuevo, la primera vez que Sam realmente la maltrató.

—Dilo de nuevo —susurra—. Dime que me quieres. Di que nunca te irás.

—Te quiero. No iré a ninguna parte.

Lo digo, pero no en serio. Si pudiera, si tuviera dinero, probablemente huiría y nunca regresaría. Me llevaría a Ford conmigo.

Otro moretón le envuelve el cuello como papel pintado, solo que en lugar de flores, está decorado con huellas dactilares de color carmesí y morado. El odio me brota del estómago y me quema la garganta como si fuera ácido. Odio a Sam. Realmente lo odio. A veces quiero que se muera. O al menos que lo metan en la cárcel.

Ha estado en la cárcel. Dos veces. Aunque solo por unos días. No le hizo efecto. No sé por qué tiene que pegarle a mi mamá, o a mí. Eso no lo hace un tipo duro. Eso no lo hace mejor que nadie. Simplemente lo convierte en un idiota.

Mami se sienta, pero no parece una mamá. Ni siquiera un

adulto. Me recuerda a una niña pequeña, de seis o siete años quizás. Tiene el rostro hinchado por el llanto. Tiene ojos inocentes, asustados. Me mira como si nunca me hubiera visto antes.

Los mocos le gotean de la nariz a los labios. Aspira y se limpia con el dorso de la mano. Entonces sonríe. La sonrisa se ve rara en su cara anegada en llanto.

—¿Cómo estuvo hoy la escuela?

—Bien, supongo —digo, confundido—. ¿Estás bien?

—¡Por supuesto que estoy bien! —dice, saltando de la cama con un movimiento rápido. Abre el armario del pasillo y recoge el cesto de la ropa sucia—. ¿Tienes ropa sucia en tu habitación? Voy a lavar la ropa oscura.

—Estabas llorando mucho. ¿Quieres hablar?

—¡No *estaba* llorando! —grita, y pone los ojos en blanco, como si lo que dije fuera ridículo. Esto me confunde más, porque todavía tiene la cara húmeda y los ojos rojos como una remolacha.

—Tu pierna —señala.

Comienza a reír. Histéricamente. Como si mi rodilla ensangrentada fuera la cosa más divertida que hubiera visto en toda su vida.

Después de todo este tiempo, sus repentinos cambios de humor todavía me toman por sorpresa. Es como si tuviera dos madres diferentes viviendo en el mismo cuerpo. Una que es feliz y amorosa con Sam o Ford, y otra que es todo lo contrario, generalmente conmigo.

Mami ríe y ríe y ríe. Ríe hasta que se desploma contra la pared y empieza a llorar de nuevo.

Me siento a su lado, sin saber qué hacer. La sangre de la rodilla raspada ha corrido por toda la pierna. Mi media y mi zapato tienen un color rojo brillante. Me olvidé de mí mismo cuando vine a cuidar a mami. Esta tampoco es la primera vez que pasa.

No puedo evitar pensarlo, pero desearía tener una madre diferente. Una que me cuidara a mí y no al revés.

INSECTOS

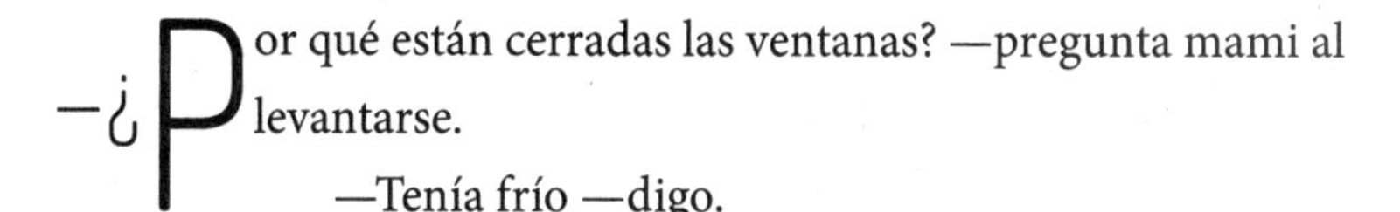

—¿Por qué están cerradas las ventanas? —pregunta mami al levantarse.

—Tenía frío —digo.

—Va a ser un día caluroso. Mantenlas abiertas —protesta ella, abriendo las ventanas—. Es mejor que la casa esté fría ahora para que esté fresca más tarde.

—¿No podemos simplemente encender el aire acondicionado? —pregunto.

—¿Vas a pagar por ello?

Niego con la cabeza.

—Eso pensé.

Odio cuando mami se despierta enojada. Eso significa que su estado de ánimo seguirá siendo horrible todo el día. Va y revisa el termostato para asegurarse de que no encendí la calefacción ni nada por el estilo. Hay un pedacito de cinta adhesiva sobre el termostato, un recordatorio para que ni Sam ni yo lo toquemos. Cuando ve que la cinta está en su sitio, me lanza una mirada de advertencia y regresa a su habitación.

Vuelvo a mis deberes. Los sábados trato de estudiar para que la semana no sea demasiado intensa. Ahora mismo estoy estudiando matemáticas en el sofá.

En fin, siento un *zzz zzz zzz zzz*. Miro arriba y veo una de esas grandes avispas rojas que golpea el interior de la ventana tratando de salir. Cuando esas malnacidas te pican, es como si te apuñalaran con fuego. Lo sé porque me han picado muchas veces. Duele como loco.

El *zzz zzz zzz zzz* continúa por un rato. Finalmente me levanto.

Lentamente tiro del cordón que levanta las persianas. Todas las ventanas y la puerta del balcón están abiertas. Pero esta estúpida avispa elige la única ventana cerrada en todo el apartamento. Es la única ventana que no se abre. Todos hemos intentado abrirla de diferentes maneras, pero está pegada, rota o algo por el estilo.

La avispa finalmente se vuelve astuta (o eso creo) y se aleja volando de la ventana. Vuela en círculo alrededor de la sala de estar y regresa a la misma ventana cerrada. Insecto idiota.

Vista Nueva está lleno de todo tipo de insectos. El patio está lleno de hormigas, y los arbustos llenos de avispas. Cuando hace calor hay mosquitos por todas partes. Las moscas revolotean junto a los contenedores de basura, en enjambres enteros. Cientos de arañas de patas largas viven en las cajas de servicios públicos. A veces Benny y yo vamos a verlas, simplemente porque da mucho miedo ver tantas en un mismo lugar. Pero lo peor son las cucarachas. Suelen salir después del anochecer.

No importa lo limpio que mami y yo mantengamos el apartamento, los insectos siempre encuentran una manera de entrar.

El *zzz zzz zzz zzz* continúa. La avispa sigue chocando con el cristal una y otra vez, como si no supiera la diferencia entre el cristal y el aire. Quizás no la sepa. No sé. En lugar de volar hacia cualquiera de las ventanas abiertas, sigue zumbando contra el cristal.

Me está volviendo loco.

Claro, el sonido es molesto. Pero me vuelve loco porque ese maldito insecto morirá si no encuentra cómo salir. No estoy siendo dramático. Les pasa a los insectos todo el tiempo. Entran, dan vueltas y luego intentan salir volando por la ventana cerrada. Simplemente rebotan en el cristal, *zzz zzz zzz zzz*, una y otra vez. Siempre terminan muertos, porque supongo que no pueden comer ni beber. El alféizar de la ventana es un cementerio. Moscas. Mosquitos. Abejas. Finalmente se dan por vencidos y dejan de moverse.

—No seas estúpida —digo en voz alta, como si la avispa fuera a entender—. Vuela a otra ventana.

Enrollo unos papeles de mis deberes e intento ahuyentar a la avispa hasta la siguiente ventana abierta. No se va. La tercera vez que lo hago, vuela hacia mi cara como si fuera a picarme.

—¡Que te jodan!

Vuelvo a mis deberes.

Todavía suena el *zzz zzz zzz zzz* que me vuelve loco, así que simplemente me voy a hacer la tarea a mi habitación.

Si ese insecto quiere seguir haciendo lo mismo una y otra vez hasta morir, adelante.

Idiota.

ESA NOCHE ME QUEDO EN CASA DE BRAD Y BENNY. VEMOS UNA película, *Mad Max*, en la que muchas personas viven en un desierto porque los humanos bombardearon las ciudades o algo así. Está bastante buena. A la mañana siguiente, cuando llego a casa, la avispa está muerta en el alféizar de la ventana con los demás insectos.

La miro fijamente, su cuerpo no se mueve. Sus patas están enroscadas hacia adentro, en posición fetal, como un bebé que duerme.

Un gran temor se apodera de mí. Siento que estoy completamente solo y tengo frío dentro de mi cuerpo, y quisiera correr a los brazos de mami y simplemente llorar. Es muy estúpido. Muy, *muy, muy* estúpido. Lo sé en el fondo. Pero no puedo detener este horrible sentimiento, que crece dentro de mí. Siento mucha culpa y arrepentimiento porque pude haber salvado a la avispa si realmente lo hubiera intentado. Debí haberme esforzado más. Pude haber usado un vaso y una tarjeta para capturarla y sacarla afuera. Pero no lo hice. Me di por vencido demasiado rápido y ahora este ser vivo ya no lo está.

Está muerto.

Y es mi culpa.

Con cuidado recojo al insecto. Saco el cuerpo afuera y lo entierro. Pienso en rezar, pero me detengo. Si a Dios le importara, habría hecho que la avispa fuera más inteligente, para que no se quedara atrapada, rebotando contra el cristal, tratando de salir a la luz del sol y al resto del mundo. Dios la habría ayudado, le habría dado una buena vida. Pero no lo hizo.

A Dios no le importa. No le importan los pequeños, como la avispa. Como yo.

ESA NOCHE, ANTES DE QUEDARME DORMIDO, REFLEXIONO SOBRE las avispas; me pregunto si habrá un paraíso para los insectos, si será el mismo que el paraíso de los humanos. Imagino que debe ser el mismo. El cielo debería ser como la Tierra, ¿cierto? Excepto que todos son felices. Me gusta esa idea.

En mis sueños, soy yo el que está atrapado detrás de la ventana. La golpeo, intento escapar, pero el cristal no se rompe. Afuera, todos los niños de la escuela se ríen de mí. Quiero llorar, pero no lo hago. En cambio, me enojo mucho y empiezo a gritar.

Entonces siento algo raro en las piernas, como si me hicieran cosquillas con una pluma. O como si unos pájaros me halaran los pelitos rubios que me han empezado a salir en las piernas. Luego siento la misma sensación extraña en la mejilla, como si un ratón bailara en mi cara.

Entonces es cuando me despierto.

—¡AAAAYYY! —grito.

Me siento, y dos cucarachas caen de mi cara. Tengo otras más en las piernas y los brazos. No sé qué estaban haciendo. ¿Me estaban poniendo huevos en la boca? ¿Estaban tratando de comerme mientras dormía?

Estoy tan asustado que ni siquiera me doy cuenta de que sigo gritando. Hasta que mami y Sam entran corriendo a mi habitación. En el momento en que mami enciende la luz, una docena de cucarachas se desliza y corre hacia la grieta de la pared.

Los gritos de mami suenan como los míos. Ella y yo nos

abrazamos, saltando y gritando. Sam agarra mi saco de dormir y lo sacude. Más insectos salen corriendo.

—¡Se acabó! ¡Esto es el colmo! ¡Nos vamos de este basurero! —grita mami—. ¡Ya he tenido suficiente! *¡Su-fi-cien-te!*

Estoy temblando, supongo que de miedo, aferrándome a mi mamá. Sam me mira y me aparta de ella.

—D-d-deja de ser tan m-mariquita.

—¡Él *no* es mariquita! —grita mami—. Simplemente fue atacado por cucarachas.

—No f-f-fue atacado —dice Sam—. S-s-son insectos i-inofensivos.

—¿Cómo lo sabes? —pregunto.

Quiero decirle: "Ni siquiera terminaste la secundaria". Pero no lo hago.

Mami y Sam discuten por un minuto sobre mudarse. Mami odia vivir aquí. Sam dice que no tenemos dinero para mudarnos.

—C-cállate, m-mujer. Estoy cansado —dice Sam finalmente.

Mami me abraza.

—¿Estás bien?

Asiento. Ella me mira a los ojos y se estremece, le tiembla todo el cuerpo.

—Los insectos son muy asquerosos.

Los dos nos reímos.

Por un minuto veo a mi mamá, la que me quiere. Quiero que este momento dure. Pero es tarde. Mami sigue a Sam de vuelta a su habitación, donde está la cama de verdad, donde Ford dormía mientras todo esto sucedía.

Y me quedo completamente solo otra vez.

Cuando apago la luz y voy a acostarme, el corazón se me empieza a acelerar. No hay muebles en mi habitación, pero siento claustrofobia. Como si los insectos siguieran por todas partes. No les gusta la luz, así que la vuelvo a encender. Después de unos minutos observando por si hay alguno por ahí, me meto de nuevo en el saco de dormir y lo cierro completamente.

Al día siguiente en la escuela, el Sr. Chang comienza la clase de ciencias con un capítulo sobre insectos. Me estremezco solo de pensar en lo de anoche.

—Este es un dato curioso —dice el Sr. Chang—: si los humanos bombardean el planeta con su arsenal nuclear, los únicos seres vivos que quedarán en la Tierra serán las cucarachas. Solo ellas pueden sobrevivir a la lluvia tóxica.

—¡Puaj! —grita alguien.

—¡Qué asco! —grita otro.

Quiero contarle mi historia a la clase. Eso realmente los asustaría. Pero sé que los ricos no tienen cucarachas. Ese es un problema de los pobres. No quiero que la gente sepa lo pobre que soy, así que mantengo la boca cerrada.

Luego lo pienso: si bombardean el mundo, las cucarachas se apoderarán del planeta, como hicieron con mi complejo de apartamentos. Así que supongo que eso significa que si encuentro una manera de sobrevivir a la radiación, estaré en casa.

HALLOWEEN

En la escuela nos dejan usar disfraces. Sé que todos los chicos chéveres se disfrazarán. Yo también quiero disfrazarme.

Le pregunto a mami si puedo comprar un disfraz. Ella se ríe.

—Claro, te compraré uno. Si me das el dinero.

Ella sabe que no tengo dinero.

Estoy muy molesto. No es justo. Otros chicos probablemente ni siquiera piensen en el dinero. Simplemente les dicen a sus padres lo que quieren y lo obtienen. En mi casa no es así.

Supongo que tengo que hacer lo que siempre hago para Halloween: fabricar mi propio disfraz.

El año pasado, mezclé pintura verde con pegamento Elmer y me pinté el cuerpo entero. Cuando el pegamento se seca, se agrieta y parece piel que se está despellejando. Conseguí ropa en una rifa, la corté y la froté con tierra como si hubiera salido de una tumba. Así me convertí en un zombi.

En otra ocasión, fabriqué un disfraz de robot con cajas de cartón, papel de aluminio, perchas de alambre y unas linternas que tomé prestadas. Cuando era pequeño, simplemente me cubría de harina para ponerme todo blanco, como un fantasma. Puedes hacer cualquier tipo de disfraz si usas basura de tu casa o de Goodwill.

Pero ya no soy un niño. Ahora estoy en la escuela intermedia, así que tengo que hacer algo realmente bueno. Empiezo a buscar cosas en el apartamento. Hay bolas de algodón y pañuelos de papel, así que podría hacer un disfraz de nube, pero eso es muy tonto. (Tal vez lo haga para Ford, si me lo pide amablemente). No hay mucho en nuestra casa, así que salgo a ver los contenedores de basura. Sé que suena asqueroso, pero la mayoría de las cosas están en bolsas de plástico, por lo que no están tan sucias como parece. Me asomo a ver. No voy a meterme a menos que haya algo realmente genial.

A veces, Benny se mete y comienza a abrir bolsas de basura. Ha encontrado algunas cosas interesantes, como banderas viejas y muebles rotos que parecen armas de ninja, pero sobre todo encuentra restos de comida, cenizas de cigarrillos y botellas de cerveza. Eso es lo que hace que los contenedores de basura apesten tanto.

No veo nada, así que miro detrás del contenedor de basura. Hay algunos aparatos electrónicos rotos, pedazos de madera, una vieja mesa de café cubierta de manchas y una bolsa de ropa. Dentro hay un par de jeans, unas botas negras y unas camisas de franela. Una de ellas tiene una gran mancha que parece sangre. Eso me da una idea.

En *Viernes 13*, una serie de películas de terror, hay un tipo que usa una máscara de hockey y un machete para descuartizar adolescentes sexis en una especie de campamento de verano. Nunca he estado en un campamento de verano, pero disfrazarme de Jason Voorhees sería genial. En la escuela intermedia, no puedes disfrazarte como un personaje de dibujos animados ni nada que tenga que ver con el jardín infantil. Necesito algo de lo que otras personas no se burlen.

Además, el de Jason es un disfraz bastante fácil de hacer. Especialmente ahora que tengo la ropa adecuada. Después de lavarlos, embarro los jeans y la camisa con un poco de fango, para que parezca que salí del lago. Luego dibujo un machete en una caja de cartón y lo recorto. Envuelvo la parte de la hoja en papel de aluminio y el mango en cinta adhesiva color marrón. Hago lo mismo para la máscara de hockey, pero la pinto de blanco y negro. Un día me salto el almuerzo y voy al salón de arte para poder usar las pinturas. Luego le agrego una tira elástica a la máscara para que se me quede en la cara.

Benny y Brad fabrican casi un galón de sangre falsa con jarabe de maíz y tinte rojo, y me dejan un poco. Salpico la chaqueta, el machete y mis manos con la sangre falsa. Mi disfraz queda muy bien.

—¿Quién se supone que seas? —pregunta mami.

—Jason Voorhees. De *Viernes 13*.

—Esa es una película de terror —dice—. ¿Cómo la conoces? No tienes permitido ver esa mierda.

—Sí, pero los chicos hablan de eso en la escuela.

Mami no me deja ver películas de terror. Dice que son malas, que no debería ver toda esa violencia. No tiene mucho sentido viniendo de ella, porque me pega todo el tiempo.

Es una regla tonta. Por eso la ignoro. Veo películas de terror, aunque sea sin permiso. Brad siempre las alquila. Ni siquiera dan tanto miedo. Los monstruos, los vampiros, las brujas y esas cosas no me asustan. Ni siquiera cuando están matando gente. Siento que hay cosas en la vida real que dan mucho más miedo.

Excepto los zombis. Esos sí me asustan porque siento que realmente podrían existir en el mundo real.

En fin. Me alegro de haber hecho el disfraz. Cuando llego a la escuela, todos están disfrazados. Algunos chicos están disfrazados de presidentes populares o personajes famosos del cine. Una chica está vestida como su cantante favorita. Algunos estudiantes se visten muy raro, como hamburguesas, otras comidas o cosas así. Otros son los monstruos habituales. Mi favorita es una chica que lleva un vestido de fiesta con un montón de sangre. Dice que es de una película famosa basada en un libro de Stephen King. Hago una nota mental para buscar el libro.

En el primer período, hay un tipo con cereal pegado a la ropa y un cuchillo de plástico atravesado en una caja de Froot Loops que lleva en la cabeza. No lo entiendo hasta que le dice a alguien:

—Soy un asesino *cereal.*

No puedo dejar de reír. Eso es realmente ingenioso.

Creo que la gente es diferente cuando usa máscaras. Es decir, todos sonríen y tratan de adivinar quién es quién detrás de cada máscara. Nadie está seguro de quién soy. La gente me pregunta: "¿Quién eres?". Simplemente me encojo de hombros y levanto el machete como si fuera a matarlos. Suelen reírse. Me gusta un poco que la gente no sepa quién soy. Me siento más libre. Como si no fuera yo. Como si fuera otra persona.

Al menos así me siento hasta el tercer período.

—No se permiten máscaras en mi clase —dice la Sra. Winstead—. Quítenselas. Todos.

Luego dice nuestros nombres uno por uno. Nuestra tarea era escribir una historia corta de Halloween para leerla frente a la clase. Normalmente odio hablar, pero escribí una historia realmente buena. Estoy impaciente por que llegue mi turno para leerla. La Sra. Winstead me detiene tras leer el primer párrafo.

—No se puede leer sobre matar gente, Sr. Ogle.

—No están muertos muertos. Son fantasmas. Bueno, fantasmas demoníacos. Es una historia de Halloween. Se supone que sea espeluznante.

—Abyecta estupidez. No en mi clase. Tome asiento.

Estoy muy enojado. La tarea era solo de una página, pero escribí seis. Todos los demás tienen alguna historia tonta sobre pedir dulces o un gato que le tiene miedo a una calabaza. La mía tiene una casa embrujada, y unos demonios realmente horribles que matan gente, y solo sobrevive una niña, como en una película. La Sra. Winstead, una bruja de la vida real, no me deja llegar al final sorpresa. Nadie está muerto de verdad. Es todo una gran broma.

Durante el resto de la clase, me siento con los brazos cruzados. Probablemente me dará una mala nota, aunque mi historia era mejor que las de los demás. Tuve que escribir todo a mano dos veces, para que no hubiera errores. Cuando suena la campana, me alegro de salir de allí y volver a ponerme la máscara.

—¡Ogle! —me llama Liam de camino a la cafetería—. Oye, ¿eres tú? Escuché decir que tu disfraz era increíble. Y lo es. Cielos. ¿Lo hiciste tú? Muy chévere. Se parece a la película.

—Gracias —digo.

—¿Te gusta mi disfraz?

Lleva su camiseta roja y blanca sobre las hombreras, sus tacos y su casco: todo su uniforme de fútbol americano. Hasta tiene un balón en la mano.

—No lo entiendo —digo.

—Soy un jugador de fútbol americano.

—Pero *eres* un jugador de fútbol americano. Eso no es un disfraz.

—Claro que lo es —dice.

Todavía no lo entiendo, pero Liam cambia de tema.

—Es una mierda que no te hayas unido al equipo. Nunca te veo. Inténtalo el próximo semestre. Puedo entrenarte. Puedo enseñarte todo lo que estoy aprendiendo.

—Gracias.

Eso es muy amable de su parte. Me gustaría. Pero no quiero pensar en lo que pasaría si volviera a pedirle a mami que me deje jugar fútbol americano.

—Deberíamos hacer algo un día de estos —dice Liam.

Asiento.

—Seguro. ¿Cuándo puedes?

Se encoge de hombros.

—No sé. Siempre estoy en la práctica de fútbol. Cuando no, estoy practicando con mi papá.

—Déjame saber —digo.

Lo digo en serio. Extraño andar con Liam. Con Todd también. Incluso con Zach.

Pasa una chica. Creo que su nombre es Amelia, pero no estoy

seguro. Está vestida como el furtivo extraterrestre amarillo de un comercial de dulces. Cuando ve a Liam, lo saluda con la mano, como hacen las chicas cuando están enamoradas.

—¡Bonito disfraz! —dice Liam, sonriente—. Pareces un condón gigante.

Realmente no lo entiendo, pero me río de todos modos porque Liam se ríe a carcajadas, como si todo lo que dijera fuera comiquísimo.

Pero entonces sucede algo terrible. En la mirada de Amelia se ve una horrible expresión y comienzan a brotarle lágrimas de los ojos. Espero que no llore, pero lo hace. Rompe a llorar y sale corriendo por el pasillo.

Una sensación muy desagradable se apodera de mi estómago, como si tuviera ganas de vomitar. Liam se sigue riendo. Hasta alza la mano para chocar los cinco. Muy lentamente, choco los cinco con él. No sé por qué.

—Socio, eso fue muy gracioso —dice.

—Supongo.

Pero no sabía que Amelia iba a llorar. No sabía que le molestaría tanto que nos burláramos de ella. La gente me ha hecho cosas peores y no he llorado. Pero Amelia y yo no somos iguales. No conozco su vida. Odio haber lastimado a una chica que ni siquiera conozco.

Especialmente porque sé qué se siente cuando la gente se burla de ti.

Es horrible.

Entonces veo al director que viene corriendo hacia nosotros. Todo el mundo lo conoce porque es la persona más alta de la escuela por unos quince centímetros. Por lo general, siempre está sonriendo, pero esta vez parece realmente enojado y sus manos apretadas hacen puños. Nunca nos hemos presentado, pero de alguna manera él sabe nuestros nombres.

—¡Liam! ¡Rex! ¿Le dijeron una obscenidad a una joven hace un momento?

—No —dice Liam.

Niego con la cabeza.

—¿Dijeron que su disfraz parecía un condón? —pregunta el director.

Liam se encoge de hombros.

—¡Bueno, es que lo parece!

—Le debes una disculpa a esa chica —dice el director.

Quiero disculparme de inmediato. Me siento horrible, la sensación de malestar todavía me ronda por las entrañas como agua de mar. Otros estudiantes se reúnen a nuestro alrededor, susurrando, y el estómago se me contrae, y sale un buche de vómito que me quema la garganta. Me lo trago.

—No tengo por qué disculparme —dice Liam—. Solo era una broma.

—¿Quieres quedarte en detención? —pregunta el director.

—¡No! ¡Dios! —gime Liam—. Tranquilo, hombre.

El director nos acompaña hasta la esquina donde Amelia está llorando.

—Lo siento —digo.

Liam está a punto de disculparse, pero ve que sus amigos del equipo de fútbol lo están mirando.

—Yo no lo siento —dice en lugar de disculparse.

El director agarra a Liam por el brazo.

—Discúlpate ahora mismo.

—¡Está bien! Lo siento, Amelia . . . —comienza Liam—. Siento que tu disfraz sea tan feo.

El director pierde los estribos y arrastra a Liam hasta su oficina. Liam va riéndose por todo el camino, y hasta chocando las palmas con algunos de sus compañeros del equipo.

Ahora hay una multitud concentrada y todos se nos quedan mirando a Amelia y a mí.

—Realmente lo siento.

Lo digo en serio. Honestamente. Odio cuando la gente sale lastimada. Nadie debería sufrir.

—Es un buen disfraz —agrego en voz baja—. Lo es.

Unas lágrimas frescas corren por las mejillas húmedas de Amelia.

—Es todo lo que mi abuela podía permitirse —dice ella, tragándose las lágrimas.

Algunos chicos del equipo de fútbol americano se ríen y la señalan con el dedo. Ella se abre paso entre la multitud y desaparece en el baño de chicas.

Todos menos los jugadores de fútbol me miran, como si yo realmente fuera un asesino y no fuera solo mi disfraz. Susurran, me señalan y me miran fijamente. Me lo merezco.

Con razón Dios me odia. Soy horrible. Otros chicos de la escuela están vestidos como hombres lobo, Frankenstein y esas cosas, pero esos son solo disfraces.

Yo soy un monstruo de verdad.

CHICO RARO

—Rex Ogle —repito.

La cajera de la cafetería está intentando encontrar mi nombre en la carpeta roja. Se humedece el dedo y pasa las páginas una por una. Observa la lista de nombres con los ojos entrecerrados. Me molesta que ella todavía no sepa quién soy, aun después de dos meses de pasar por esto de lunes a viernes. No entiendo cómo la gente puede ser tan estúpida.

—¿Rex Fogle? —pregunta.

—Rex *Ogle* —me quejo—, como todos los días.

Las arrugas se tensan alrededor de los viejos ojos de la cajera y me lanza una mirada fulminante.

—Eres muy grosero.

Entonces me siento mal. Ella no es mexicana, pero es una persona mayor y eso me recuerda a mi abuela, o a mi otra abuela. Una parte de mí quiere disculparse. La otra parte simplemente no entiende por qué no recuerda mi nombre.

Finalmente lo encuentra en la lista de "almuerzo gratis". Hace la marca de verificación al lado de mi nombre.

—Mire, lo siento . . . —digo.

—Siguiente —dice ella secamente.

Ahora estoy un poco molesto. Estaba tratando de disculparme. Para empezar, ni siquiera fui *tan* grosero. Las cosas que le podría haber dicho, las cosas que me dan vueltas en la cabeza. Probablemente le daría un ataque al corazón si las dijera. Pero no digo nada de eso. Aunque lo tenga en la punta de la lengua, intentando salir.

Odio las cosas que tengo en la cabeza.

Las cosas que pienso a veces son realmente horribles y oscuras. Malvadas.

Es casi como si las cosas que pasan en casa se me metieran en la cabeza como una infección. Como cuando un niño se enferma de varicela y todos los que están a su alrededor la contraen. Excepto que en lugar de pequeños puntos rojos que pican, escucho a mami y a Sam en mi cabeza. Las cosas que se gritan el uno al otro. Ella dice cosas muy crueles. Y él responde cosas horrorosas. Y todo simplemente empeora. Se intensifica hasta que llegan los golpes.

Sam nos insulta a mami y a mí todos los días. A mí me dice mariquita. O marica. O enano. O maricón. O espalda mojada. Lo que le dice a mami no quiero ni repetirlo.

Cuando una persona, especialmente una mujer, es grosera o mala conmigo, es como si una parte de mí también quisiera decirle esas cosas.

No lo hago, pero necesito un gran esfuerzo para no hacerlo. Porque no quiero ser como Sam. Aunque creo que una parte de mí ya lo es. De lo contrario, ¿por qué habría de pensar cosas tan terribles?

Estoy almorzando solo sentado en una mesa, pensando en

todas estas cosas, deseando ser otra persona. Estoy apartando cosas de la comida porque me siento mal del estómago, aunque tengo mucha hambre. Y estoy completamente inmerso en mi cabeza, así que no noto que alguien se sienta frente a mí sin preguntar.

Levanto la cabeza. Ni siquiera conozco a este tipo. Es blanco y bajito, y tiene el cabello castaño con un divertido corte en forma de tazón. Miro la mesa de una punta a otra para ver si ha cometido un error o está perdido.

—El sistema apesta —dice.

—¿Qué sistema? —pregunto.

—La configuración social en la que los estudiantes son obligados a formar filas como ganado y luego forzados a encontrar asientos que los hacen sentir inseguros e indeseados. Es como si los directores y maestros quisieran que lucháramos por nuestra posición social, o que eligiéramos ser colocados en una casilla que nos defina. —Se mete en la boca una cucharada de guisantes y puré de papas. Mastica lentamente, traga y luego continúa—. Raritos de la banda. Estudiantes de teatro. Deportistas de octavo grado. Deportistas de séptimo grado. Porristas. Chicos góticos. Aspirantes a músicos de heavy metal . . .

Me pregunto si es uno de los chicos cristianos. Quizás Luke Dodson lo envió para intentar convencerme de ir a la iglesia.

—¿De qué grupo eres tú? —pregunto.

—No tengo etiquetas —dice él—. Soy solo yo.

—Ah.

Eso es todo lo que digo. Ambos comemos un poco.

Entonces comienza de nuevo:

—Apuesto a que hay cámaras escondidas por toda la cafetería.

Nos están grabando y todos somos parte de un gran experimento social llevado a cabo por el gobierno. Probablemente los psiquiatras nos estén observando ahora mismo, tratando de descifrar el enigma de la juventud de hoy.

—Eres un poco raro, ¿eh? —le digo.

—Raro es solo una etiqueta que les ponen a las personas brillantes.

La gente dice que soy raro a veces. Me pregunto si eso me hace brillante también. Pero no creo que la gente realmente inteligente crezca en campamentos de remolques o en apartamentos de mierda. Y si fuera así, nadie descubriría que son inteligentes porque están demasiado ocupados tratando de encontrar comida y de pagar sus cuentas y eso.

El chico raro y yo comemos durante un rato.

—¿De verdad crees que nos están vigilando? —pregunto.

Él se encoge de hombros.

—No sería lo más extraño que haya hecho el gobierno. Durante la guerra de Vietnam, probaron un arma química con sus propios soldados. La llamaron Agente Naranja. La banda R.E.M. hizo una canción sobre eso. Búscala.

—¿Por qué harían eso?

—R.E.M. hace canciones políticas.

—No, me refiero al gobierno. ¿Por qué le harían daño a su propia gente?

—Supongo que son más fáciles de monitorear. Siempre es más fácil lastimar a las personas más cercanas, a las que quieres —dice.

Me hace pensar en mamá y Sam. Pero si me quieren no lo dicen.

—Me llamo Ethan.

—Rex.

Ethan asiente.

—Buen nombre. Tiene una x. Como los *X-Men*.

—¿Qué es eso?

—¡Ay, chico! ¿No lo conoces? Es el cómic más genial que existe.

Ethan comienza a buscar en su mochila. Saca un montón de cómics, todos metidos en fundas de plástico con un cartón detrás, para protegerlos, supongo. Las portadas muestran gente vestida con licras de colores brillantes peleando entre sí. Liam y Zach siempre decían que los cómics eran para nerdos. Por eso nunca los leí. Pero ahora que los veo me gustan los colores. Los dibujos también son geniales.

—¿De qué se tratan?

—Los X-Men han jurado proteger a un mundo que les teme y los odia —dice Ethan—. Son mutantes. Eso significa que tienen poderes especiales, como controlar el clima o disparar ráfagas con los ojos, o tienen poderes curativos y garras de adamantium. Bueno, en realidad, técnicamente, el adamantium de Wolverine no *es* parte de su habilidad mutante. El gobierno se lo añadió más tarde, en contra de su voluntad.

—No te gusta el gobierno, ¿cierto?

—No confío en ellos —dice Ethan—. Es bueno desconfiar.

No sé qué significa eso. Este chico es demasiado raro. Pero parece inteligente y sabe un montón de cosas.

—Si pudieras tener un superpoder mutante, ¿cuál sería? —pregunta Ethan.

—No lo sé —digo. Me quedo pensando—. Creo que sería genial poder mover las cosas sin tocarlas. Lo vi una vez en una película. Una chica hacía volar cosas por toda la habitación con la mente.

—Eso es telequinesis —dice Ethan—. Buena elección. Me alegra que no hayas dicho que te gustaría volar. Todo el mundo dice eso. Es muy fácil.

—Pero si tuviera telequinesis, podría simplemente moverme a mí mismo. Entonces también podría volar —digo.

—¡Excelente punto! —dice Ethan, emocionado.

—¿Qué superpoder tendrías tú?

Ethan se frota las manos.

—Me alegra que hayas preguntado. Mi personaje favorito es el Hombre de Hielo. Puede congelar cosas y hacer toboganes de hielo. Pero no sé si ese es el poder que querría. Hay muchas cosas que considerar primero. ¿Quiero poderes para luchar contra los villanos, para hacer del mundo un lugar mejor o simplemente para impresionar a las chicas . . . ?

Ethan habla por un buen rato. No estoy seguro si realmente responde la pregunta.

Mientras habla, pienso en lo genial que sería tener superpoderes. Si me volviera invisible, podría tomar mi almuerzo gratis sin tener que lidiar con la cajera. (No sería robar si es gratis, ¿cierto?). O si pudiera teletransportarme, tomaría mi almuerzo y me iría a otro lugar a comérmelo. Me pregunto si ser superrico es un superpoder. También aceptaría eso.

—Puedes tomar prestado uno de mis cómics —dice Ethan—. Pero tienes que prometer que lo cuidarás.

Por un minuto, me siento raro. ¿Por qué está siendo tan amable conmigo? ¿Por qué se sentó aquí? ¿Qué es lo que quiere?

—¿Eres uno de esos chicos cristianos? —le pregunto de pronto—. ¿Vienes a convencerme de que vaya a la iglesia?

Ethan se echa a reír.

—No voy a la iglesia. Soy agnóstico.

—¿Agnóstico es una religión?

—¡Ja! No. Significa que no creo, pero tampoco *no* creo.

—¿Cómo? —digo.

—Estoy esperando que haya pruebas —dice Ethan—. Si Dios aparece y dice: "Oye, soy real, mira mis fantásticos poderes que prueban que soy Dios", entonces creeré. Pero hasta entonces, estoy indeciso.

—Ah.

—¿Por qué lo preguntas? —dice Ethan.

—Te sentaste y empezaste a ser muy amable —le digo—. Por lo general, eso significa que la gente quiere algo.

—¿Ves? Te lo dije —dice Ethan—. Es bueno desconfiar. Estás siendo cauteloso. Esa es una habilidad de supervivencia que mucha gente no tiene.

—¿Ah, sí?

Ethan asiente.

Suena la campana.

—Hora de clases.

Ethan vuelve a guardar sus cómics en la mochila. Todos menos uno. Lo desliza sobre la mesa hacia mí.

—Toma. Aunque solo es prestado. Tienes que devolverlo. ¿Qué tal mañana? Podemos volver a sentarnos juntos. Si quieres.

Por primera vez en todo el almuerzo, Ethan rompe el contacto visual. Mira la mesa. Nervioso. Como si tuviera miedo de mi respuesta.

Entonces caigo en cuenta. Ethan quiere sentarse con alguien.

Igual que yo. Me pregunto si no tiene amigos porque tampoco entró en el equipo de fútbol americano. O tal vez sea simplemente un chico raro. Por otra parte, ¿quién soy yo? Soy un chico pobre.

—Claro —digo—. Nos vemos mañana. ¿La misma mesa?

Ethan sonríe.

—Misma batihora, mismo batilugar.

No tengo idea de lo que significa eso, pero empiezo a reírme.

SOLO EN CASA

—Hay leche, cereal y veinte dólares en la encimera de la cocina, así que puedes pedir pizza una noche —dice mami, metiendo ropa en una bolsa de plástico—. No quiero amiguitos en la casa. Y tampoco extraños.

Pongo los ojos en blanco.

—No soy estúpido. ¿Para qué invitaría a un extraño?

—Puedes salir, pero quédate en el complejo de apartamentos —añade mami.

—Ya sé todo eso —digo, deseando que se calle.

Intento ver los dibujos animados, pero ella sigue hablando.

—¿Estás escuchando? —gruñe, levantando la voz.

—¡Sí! —grito yo también—. Sales todo el tiempo, ¡sé lo que tengo que hacer!

Y lo sé. Varias veces al año, mami y Sam se van fuera de la ciudad. Nos dejan a mí y a Ford en casa.

Algunos chicos tienen miedo de quedarse solos. Yo no. Al menos ya no.

Probablemente porque la primera vez me asusté mucho.

Ford apenas tenía un año y yo nueve. Nos habíamos mudado a Birmingham hacía una semana, así que no conocía a nadie. Mami dijo que se irían solo una noche. Pero estuvieron fuera casi cuatro días. Ahora no parece mucho tiempo, pero cuando tienes nueve años, parece una eternidad.

No había ningún número de teléfono para localizar a mami. De todos modos, no teníamos teléfono, así que ni siquiera podía llamar a la policía si sucedía algo malo. Lo cual en cierto modo sucedió. La segunda noche, alguien llamó a la puerta como a las dos de la madrugada. Quienquiera que fuera, gritaba y pateaba la puerta. Pensé que iba a entrar a robar o a matarme. Al final se fue, pero yo no dormí esa noche. Ni la siguiente.

Al tercer día nos quedamos sin comida. Ford no dejaba de llorar de tanta hambre que tenía. Yo no sabía qué hacer. Empecé a tocar un montón de puertas al azar hasta que salió un tipo. Le pedí prestado pan y el tipo me miró como si estuviera loco. Nunca me había sentido tan avergonzado.

Cuando mami y Sam entraron por la puerta, comencé a gritarles. Mami me abofeteó tan fuerte que me dolieron los dientes. Luego ella comenzó a gritar, preguntando qué me pasaba. Empecé a llorar muy fuerte. No entendía lo que sentía, pero era como si estuviera muy enojado con ellos y a la vez muy contento de que regresaran a casa. Cuando era más chico lloraba mucho. No sé por qué, pero ya no lo hago. Casi nunca lloro.

Todos los sentimientos que me entristecen, me los guardo en lo más profundo, en una caja fuerte que dejo caer en el pozo oscuro de mi alma. Luego tapo el agujero y trato de olvidarlo.

—¡¿Me oíste?! —me grita mami al oído, agarrándome la cabeza.

—¡Coño! ¡Eso duele! —grito yo, agarrándome la oreja.

Mami alza las cejas y sonríe, como si acabara de ganar un premio.

—Irás al infierno por decir eso, pequeño pagano.

—No puede ser peor que aquí —murmuro.

Pero siento que un pozo profundo de culpa me llena las entrañas. No sé si creo en Dios, pero sé que no debo decir malas palabras. Empieza a preocuparme tener que ir al infierno por este desliz.

Cuando mami deja sus maletas junto a la puerta, Ford comienza a llorar.

—¡No! ¡No te vayas! ¡Por favor, no! Seré bueno. Lo prometo.

—O-oye, d-d-deja de llorar. Rex se quedará aquí c-c-contigo —dice Sam.

Agarra a Ford y le da un fuerte abrazo. A mí nunca me ha abrazado así. Tampoco mi propio padre. No que yo sepa.

Sam me pone a Ford en el regazo. Lo sostengo, pero Ford se cae, se retuerce y me empuja, resistiéndose como un potro, tratando de alejarse de mí. Mami le acaricia el cabello a Ford y le besa las mejillas y la frente.

—¿Puedes al menos decirme a dónde vas? —le pregunto.

—A pocas horas de aquí. No te preocupes —dice mami.

—¿Por qué Ford y yo no podemos ir también?

—¡Porque vamos a estar trabajando todo el tiempo! ¡No será divertido para ustedes! ¿Por qué tienes que ser tan complicado todo el tiempo? —grita, pero enseguida se calma—. A la mayoría de los chicos les encantaría quedarse solos en casa durante todo un fin de semana.

—Me encantaría si no tuviera que cuidar a un niño —digo.

Mami levanta rápidamente el dorso de la mano. Me estremezco. Eso parece satisfacerla. Odio haberme estremecido, pero odio más que ella lo haya disfrutado.

—¿Volverás el domingo? —le pregunto.

—Ya te dije que sí —gruñe mami—. Deja de portarte como un bebé. La vas a pasar genial. Ahora ven y dame un abrazo.

—No puedo.

Ford sigue llorando y retorciéndose, queriendo irse con ellos. Mami se inclina y nos da un abrazo incómodo. Para mí los abrazos son pocos y espaciados. Se siente raro.

Ford comienza a chillar cuando la puerta se cierra detrás de nuestros padres. Hace tanto ruido que cualquiera pensaría que está siendo atacado por animales salvajes. Cuando finalmente lo suelto, corre hacia la puerta. Se estrella y rebota. Intento no reírme. Es gracioso, pero no lo es. La forma en que rebota en la puerta me recuerda el programa *Los videos caseros más divertidos de Estados Unidos*. Ford se queda sentado en el suelo, con sus grandes ojos azules llenos de lágrimas. Estoy seguro de que está sintiendo lo que yo siento. Que nos están abandonando y es posible que no regresen.

Intento distraerlo. Primero con libros, luego con juguetes. Intento jugar con él, pero no me deja. Así que subo el volumen de la televisión y pongo unos dibujos animados de bebés. Ese tipo de programas es muy molesto, con tantas canciones y repeticiones de cosas, pero a Ford le encanta. Finalmente y muy despacio, mi hermanito se acerca y se sube a mi regazo.

El sol brilla en sus mejillas húmedas. Las lágrimas se quedan atrapadas en sus largas pestañas. Cuando está así de triste, siento un dolor horrible en el pecho, la cara se me pone caliente alrededor de los ojos y me empieza a doler la cabeza. No sé cómo llamarle a esa sensación, pero la odio. Odio que nuestros padres nos hagan sentir así.

Después de unos minutos, me levanto y Ford pone una expresión como si yo también me fuera a ir.

—No voy a ir a ninguna parte —digo—. Iba a traerte leche con chocolate. ¿Quieres? Te la preparo.

Él asiente.

Esa noche preparo huevos y salchichas. Es una receta que inventé. Perritos calientes cortados en rodajas y huevos revueltos con un poco de pimienta. Es muy salado. A Ford le encanta. Cuando se queda dormido, veo una película tonta sobre ladrones de arte.

Nos pasaríamos el fin de semana viendo televisión, pero es difícil encontrar algo bueno porque no tenemos cable. Durante un tiempo solo tuvimos dos canales, hasta que construí una antena con cables, papel de aluminio y perchas de metal. Ahora tenemos seis canales. Siete si alguien sostiene un extremo del papel de aluminio en el aire junto a la ventana, pero eso es incómodo.

El sábado el patio del complejo de apartamentos se llena de gente. Unos niñitos, Ryan y Vanessa, construyen algo en la acera con grandes bloques de plástico. La mamá de Vanessa la observa sentada en una silla plegable, leyendo un libro. Los chicos de mi edad se persiguen unos a otros, jugando al escondite. Ford me agarra dos dedos con su mano diminuta. En la otra mano sostiene su camión de bomberos favorito.

—¿Puedo jugar con camión de bomberos? —me pregunta.

Pero Ford siempre pronuncia la *m* como *b*. En lugar de decir "camión", parece que dice "cabrón". Intento no reírme.

—Sí, ve a jugar —le digo.

Se une a Ryan y Vanessa. Yo hago guardia. La madre de Vanessa levanta la vista de su libro y asiente. Yo asiento de vuelta.

Benny pasa corriendo, perseguido por Brad. Brad lo tumba, le empuja la cara contra el suelo y le dice:

—Te atrapé, tonto.

—¿Vas a jugar con nosotros? Puedes estar en mi equipo —dice Benny sacudiéndose el polvo.

Quiero, pero miro a Ford. Luce muy pequeño y frágil, como si fuera a romperse.

—No puedo. Tengo que cuidar a mi hermano.

—Puedo cuidarlo si quieres —dice la mamá de Vanessa.

Niego con la cabeza.

—Gracias —digo.

Benny se encoge de hombros y se une a los otros. Odio no poder jugar con mis amigos. Tengo que perderme la diversión porque mis padres me dejaron a cargo. Ahora que mami y Sam se han ido, Ford es mi responsabilidad. Si algo le sucediera . . .

Intento no pensar en eso. Tengo pesadillas locas en las que aparece un secuestrador y se lleva a Ford. Sam y mami prácticamente me asesinan, y me dicen que todo es culpa mía. Y lo es, porque no estaba cuidando a Ford cuando debería haberlo hecho. No sé por qué sueño cosas así, pero lo hago y me despierto sintiéndome muy mal.

—Ni-noo-ni-noo —dice Ford, imitando el sonido de su camión de bomberos—. ¡Cuidado con mi camión!

Pero no dice camión. Dice la otra palabra.

La mamá de Vanessa deja caer el libro.

Intento no reírme. A la mamá de Vanessa no le parece tan divertido como a mí.

—Lo siento. —Me encojo de hombros—. Tiene un problema de dicción.

PARA LA CENA, PIDO UNA PIZZA GRANDE DE PEPPERONI Y UNA guarnición de pan con queso. El pan con queso es increíble porque viene con dos salsas para untar. Nunca puedo decidir cuál me gusta más, si ranchera o marinara. Así que alterno la salsa en cada bocado, hasta que ambas se acaban.

Benny viene más tarde para ver un programa de terror que nos gusta llamado *Monstruos*. Cada semana es una historia diferente. El último episodio trataba sobre una araña gigante que vivía en un sótano y se comía a la gente. Intento que Ford se vaya a la cama, pero él se niega.

—Yo también quiero verlo.

—Te dará pesadillas —digo.

Ford niega con la cabeza. Lo obligo a irse a la cama de todos modos. Tengo muchas ganas de ver el programa. Cuando suena el tema de presentación espeluznante, escucho gemidos y luego un llanto leve. Entonces me doy cuenta de que Ford está escondido detrás del sofá, viendo el programa.

Benny se empieza a reír.

—¡Mira como llora el bebé! ¡Ja!

Por alguna razón, eso me molesta mucho.

—¡*No* es gracioso! —digo—. *Es* un bebé.

Golpeo a Benny en el brazo con toda mi fuerza.

Benny se agarra el brazo como si le hubiera disparado. Sin decir una palabra, sale corriendo del apartamento, lo que me enoja aún más. Todo lo que quería era ver mi programa en paz y ahora todos están molestos.

—Apágalo —dice Ford llorando—. Da mucho miedo.

—No es real. Es solo televisión.

Pero Ford sigue llorando. Sé lo que es tener mucho miedo de algo. Y si ese algo no desaparece, es horrible. No quiero que Ford se sienta así. Nadie debería sentirse así.

Cambio de canal.

El domingo, Ford y yo volvemos a salir al patio. Cuando Benny y Brad salen, le hago señas a Benny para que se acerque.

—Perdón por lo de anoche —digo.

Se encoge de hombros, pero me doy cuenta de que todavía está enojado. Lo entiendo. Yo también soy así.

—Ven con nosotros —dice Brad.

—Tengo que cuidar a Ford.

—Tráelo contigo —dice Brad—. Yo también tengo que cuidar a este bebé. —Señala a Benny.

Los cuatro nos encontramos con unos niños mayores que nunca había visto. Dos de ellos son del otro lado de la valla, del barrio de Liam. El tercero se llama Charlie y dice que es el hijo del administrador del apartamento.

—¿Vives aquí? —le pregunto.

—Vivía. Antes de que me enviaran al reformatorio.

—¿Qué es un reformatorio? —pregunto.

—Cárcel de menores —resopla Charlie, como si yo fuera estúpido—. Después que mis padres se separaron, le robé el auto a mi viejo. Un Camaro rojo. Estaba bebiendo wiski y cerveza, y estrellé el auto contra un banco.

—Brutal —dice Brad.

—Sí, brutal —coincide Benny.

Me parece que es mentira. Si es verdad, entonces Charlie es un idiota. Todo el mundo sabe que no se debe beber y manejar. Así es como matan a la gente. Pero no digo nada.

—¿Alguna vez has probado Jack Daniel's? —pregunta Charlie.

No sé qué es eso. Me pregunto si es como un Roy Rogers o un Shirley Temple, ya sabes, una bebida con cerezas.

—Claro —miento.

Charlie mira a ver si hay adultos cerca y saca una petaca de su chaqueta. Toma un sorbo y se la pasa a los dos chicos del barrio rico. Ellos beben un trago y se la pasan a Brad, que también bebe y la cara se le pone como si hubiera chupado un limón.

—Fuerte, ¿no? —Charlie sonríe—. Todos los días le robo un poquito del minibar a mi mamá. Lo relleno con agua. Ella está tan borracha todo el tiempo que no se da cuenta.

Brad me pasa la petaca. La huelo. Quiero probarlo, pero a

una parte de mí le preocupa desmayarme como le ocurre a Sam cuando bebe. Y tengo que cuidar a Ford.

—No, gracias.

—No seas flojo —dice Charlie—. Bebe.

—No —digo.

Odio que me digan qué hacer. Mi mamá hace eso todo el tiempo.

Charlie insiste. Me empuja la petaca.

—Bebe, mariquita.

Odio esa palabra. Es uno de los apodos favoritos de Sam para mí. Cuando Charlie me llama así, no tiene el efecto que él espera. No me siento avergonzado como él quiere. En cambio, me enoja.

—Vamos. Bebe.

Cuanto más me dice que lo haga, menos quiero hacerlo.

—No —repito.

—Eres un mariquita —dice Charlie.

Echa hacia atrás los hombros y los puños, como un simio a punto de atacar. Me sorprendo a mí mismo cuando no me inmuto. Charlie no es ni la mitad del tamaño de Sam y apuesto a que no puede golpear tan fuerte.

—Yo beberé —dice Benny.

Toma la petaca y se la empina. Empieza a jadear, a toser y a hacer arcadas, como si hubiera bebido gasolina.

—Vamos a jugar a esto —dice Charlie. Le hace una llave a uno de los chicos tranquilos—. Básicamente, le corto el suministro de oxígeno hasta que se desmaya. Todo se vuelve borroso. Es como estar drogado, pero solo te vas por unos segundos.

—Eso suena peligroso. ¿No puedes morir por asfixia? —dice Benny.

Pienso lo mismo, pero me alegro de que Benny lo diga.

—Eso es parte de la diversión —dice Charlie.

En el costado del patio, envuelve con el brazo el cuello del chico tranquilo y aprieta hasta que se pone muy rojo. El chico tranquilo comienza a golpearle el brazo y luego a arañarlo.

Entonces todo su cuerpo se relaja. Charlie lo acuesta en el suelo con mucha suavidad. Después de un minuto, comienza a abofetearlo. Por un segundo, creo que el chico tranquilo está muerto.

Me invade el pánico. Me pregunto qué vamos a hacer. ¿Llamamos al 911? ¿Le damos RCP? No sé cómo hacerlo, pero sé que ayuda a los socorristas. Miro alrededor del patio, pensando que la policía entrará por los pasillos y nos arrestará a todos por asesinato. Pienso en Ford en el reformatorio y siento náuseas.

De repente, el niño tranquilo se incorpora y tose para tomar aire. Mientras lucha por recuperar el aliento, frotándose el pecho, siento que también puedo volver a respirar.

—Muy chévere, ¿no? —dice Charlie.

—En realidad no —digo.

Charlie pone los ojos en blanco.

—Ahora yo —dice Brad—. Házmelo a mí.

Brad lo hace y luego, el otro chico tranquilo. Cuando llega el turno de Benny, parece asustado.

—No tienes que hacerlo —digo.

—Cállate, marica. Solo nos estamos divirtiendo —dice Charlie.

—Déjame intentarlo —dice Brad.

Pone el brazo alrededor del cuello de Benny. Empieza a apretar y la cara de Benny empieza a ponérsele roja. Sus pecas parecen brillar, lo que hace que su rostro parezca una fresa gigante. Benny comienza a golpearle el brazo a su hermano. Benny sacude la cabeza y empieza a agitarse, como si se negara a desmayarse.

—¡Suéltalo, Brad! —grito.

Pero Brad mira a Charlie, y este niega con la cabeza. Brad no se rinde. Entonces, Benny golpea a Brad en la entrepierna. Ambos caen al suelo.

Corro hacia Benny.

—¿Estás bien?

Benny no dice nada. Está intentando no llorar con todas sus fuerzas.

—Tu turno —me dice Charlie—. Eres el único que no lo ha hecho.

De ningún modo lo haré.

—Después de ti —le digo.

—Ya lo hice hoy —dice Charlie.

—No te vi. ¿Alguno de ustedes lo vio? —Todos niegan con la cabeza—. ¿Ves?

—Lo hice. Dos veces.

—Entonces, ¿por qué no lo haces una tercera vez? —le pregunto.

—No necesito demostrarte nada —dice Charlie—. Mariquita.

Ford repite esta palabra, solo que dice "¡Badiquita!".

—No digas esa palabra —le digo.

—¡Badiquita! —repite Ford, aún más fuerte.

Todos se ríen, menos yo. Ford sigue diciéndolo, hasta que Charlie se molesta.

—Esto ya aburre —dice Charlie—. Vamos a hacer otra cosa. ¿Alguien tiene *whippits*?

—¿Qué es eso? —pregunto.

—Es cuando inhalas óxido de nitrógeno de una lata de crema batida. —Brad lo dice como si eso se aprendiera en primer grado—. Es divertido. Te hace sentir caliente por dentro. ¿Alguien tiene latas de crema batida en casa?

Todos niegan con la cabeza.

—Sé exactamente lo que podemos hacer. Es prácticamente lo mismo —dice Charlie—. Síganme.

Odio a este Charlie, pero tengo curiosidad. Tomo a Ford de la mano y sigo a los demás. Charlie nos lleva a un rincón entre unos setos gigantes y la pared del edificio. Hay varios aparatos de aire acondicionado que zumban. Charlie se arrodilla y desenrosca la tapa de uno de los tanques. Se encorva e inhala. Se oye un silbido cuando el gas le entra en la boca.

—No, ya tuve suficiente —digo—. Eres un idiota. Esa cosa es venenosa. Mira, tiene un símbolo de veneno justo ahí.

Charlie me muestra el dedo del medio.

—Benny, vámonos de aquí —le digo.

Benny me mira y luego mira a su hermano. Me doy cuenta de que Ford me mira de la misma manera, como si necesitara aprobación. Brad se encoge de hombros.

—Me quedo —dice Benny.

—Quédate si quieres. Pero no lo hagas. No seas estúpido.

—Tú eres estúpido —dice Charlie.

Esta vez, le doy la espalda.

Quiero alejarme lo más posible de estos idiotas.

—¿Quieres ir a tomar helado? —le pregunto a Ford.

Ford asiente, con una sonrisa amplia. Salimos de Vista Nueva y caminamos por la calle hasta un Fast-Mart en la intersección de LBJ Road. No está muy lejos, pero Ford aún es pequeño, así que tardamos casi veinte minutos. Le hago tomarme de la mano todo el tiempo. La única vez que lo suelto es en el mercado de la gasolinera cuando tengo que pagar. Compro un helado de vainilla cubierto de chocolate para cada uno con lo que me quedó del dinero de la pizza.

Nos sentamos afuera, a la sombra de la gasolinera. Mordisqueamos lentamente la delicia fría, disfrutando cada bocado. Esto es un placer. Mami nunca nos deja comer cosas como esta.

—¿Está rico? —le pregunto a mi hermano.

Él asiente; el chocolate derretido le cubre la mitad inferior de la cara como si fuera una barba pintada.

—Hola —dice un hombre que pasa, quitándose la gorra.

—Badiquita —dice Ford.

Resoplo, pero rápidamente agrego:

—Ford, no digas eso.

Como me río a medias, mi hermano no me toma en serio. Sigue diciéndolo. Cada vez me río más fuerte. Cuando me río, él se ríe. Finalmente, me río tan fuerte que las lágrimas me corren por el rostro. Alguien más pasa y entra al Fast-Mart.

—Badiquita —dice Ford.

El hombre también se ríe.

Pero entonces Ford se lo dice a una mujer que está echando gasolina. La mujer se quita las gafas de sol y nos mira fijamente.

—¡Perdón! ¡¿Qué dijiste?!

—¡Badiquita! —dice Ford.

Intento parar de reírme, pero no puedo.

La mujer sacude las llaves.

—¡Qué lenguaje tan asqueroso y grosero! —dice—. ¿Dónde está tu madre? ¡¡Espero que te lave la boca con jabón!!

Ford se asusta tanto que deja caer el helado al suelo. Se esconde detrás de mí.

—Cálmese —le digo a la mujer—. Es un niño pequeño. Solo está jugando.

—¡Bueno, tú tienes edad suficiente para saber que no debe hacerlo! Tienes que enseñarle modales —grita ella.

Entra furiosa al mercado y comienza a gritarle a la cajera.

—¿Estoy en problemas? —pregunta Ford.

—No. Pero no se lo digas a mami, ¿de acuerdo?

—Lo prometo —dice Ford.

Uso la manguera de agua de la gasolinera para limpiarle la cara a Ford, y entonces suenan las sirenas. Dos ambulancias, un auto de policía y un camión de bomberos pasan veloces con las luces encendidas. No pienso mucho en ello cuando vamos de vuelta a casa.

—¡Ni-noo-ni-noo! —repite Ford.

Al acercarnos al complejo de apartamentos, vemos las luces intermitentes. Por todas partes hay vehículos de emergencia y la policía le dice a la gente que regrese a sus casas. Hay una multitud de vecinos nuestros, observando. Le tiro de la manga al viejo señor Juárez y le pregunto qué pasó.

—Un grupo de niños estúpidos se drogaron con freón del aire

acondicionado. Supongo que, en lugar de inhalarlo, algunos de ellos lo bebieron. Se pusieron azul y verde y empezaron a vomitar por toda la acera. Uno de ellos se desmayó. Entonces llamé a la policía. La ambulancia ya se llevó a dos al hospital. Probablemente les salvé la vida.

Busco a Benny. Me siento mal. No me importa Charlie. Si se envenenó se lo merecía. Pero Benny es solo un chico tonto que hace todo lo que Brad le dice. Avanzo entre la multitud hasta el otro lado y veo a Benny y a Brad sentados en la parte trasera de una ambulancia. Benny tiene vómito fresco por toda la ropa. Su padre les grita y el paramédico intenta calmarlo.

Entonces alguien me agarra por detrás. Estoy a punto de gritar y me doy cuenta de que es mami. Me sacude con tanta fuerza que creo que se me va a caer la cabeza.

—¡¿DÓNDE ESTABAS?! —me grita—. ¡Pensé que estabas muerto! ¿Tú y Ford también inhalaron ese freón?

—¿Qué? ¡No! —digo, tratando de soltarme.

Sam me agarra con sus manos gigantes y me sacude aún más fuerte.

—¡D-d-dime la v-verdad, c-c-carajo! ¡¿T-t-t-tú y F-F-Ford inhalaron esa b-b-basura q-q-química?!

—¡Dinos si lo hiciste ya! —grita mami—. Es veneno. Las ambulancias están aquí. Pueden llevarte al hospital. ¡Dinos, carajo!

—¡No! ¡Quítateme de encima! —grito—. Ford y yo no nos acercamos a esas cosas. ¡No soy idiota! ¡Esos chicos lo estaban haciendo, así que llevé a Ford a comer helado!

Entonces mami y Sam hacen algo extraño: me abrazan. Me abrazan de verdad. Cargan a Ford y nos abrazan a los dos. Nos abrazan muy fuerte. Este es nuestro primer abrazo familiar. Los había visto en la televisión, pero nunca en persona. Se siente agradable, pero también un poco extraño y muy vergonzoso porque algunos de los vecinos están mirando.

—¡¿Ven?! —les grita mami a los extraños—. ¡Sabía que mi hijo no era tan estúpido como para hacer esa mierda!

Pero ella no lo sabía. Pensó que yo lo había hecho, y por eso ella y Sam se enojaron. Pongo los ojos en blanco.

Subimos las escaleras y mamá no deja de hablar de lo preocupados que estaban. Pero Sam todavía tiene la cara roja, tan roja como el camión de bomberos. Le tiemblan las manos.

Se voltea hacia mí.

—V-v-ve a tu habitación —me dice.

—¿Qué? ¿Por qué? —pregunto.

Sam empieza a quitarse el cinturón y ya sé lo que va a hacer.

—¿Qué estás haciendo? ¡No hice nada malo! ¡Te lo dije, no hicimos nada!

—T-te c-c-confiamos a F-F-Ford. T-t-te f-fuiste del edificio —tartamudea Sam.

Me agarra y me arrastra hacia mi habitación. Me libero de su agarre y él me agarra por la camisa, que se rasga cuando intento escapar. Pero él me pone las manos encima, me agarra y me carga.

—¡Mami! —grito—. ¡Dile que no hice nada!

Mami niega con la cabeza.

—Sam tiene razón. Te dijimos que no salieras del edificio.

Ford comienza a llorar. Se acerca y dice:

—¡No! ¡Deja a Rex en paz! —Mami lo carga y él llora y llora y llora, gritando—: ¡Para!

—Shhh. —Mami lo hace callar, como si intentara dormirlo—. Te dijimos que *no* salieras del edificio —me dice a mí—. Sam necesita enseñarte responsabilidad.

Sam empieza a azotarme con el cinturón. Me azota las piernas, el trasero, la espalda. Intento escapar, pero no tengo a dónde ir.

La peor parte para mí, sin embargo, es que Ford esté mirando.

Los niños pequeños no deberían tener que ver estas cosas.

SUPERHÉROES

Noto algo cuando agarro la bandeja. La cafetería de la escuela huele mejor que de costumbre. Estiro el cuello para ver qué es. Pavo, relleno, puré de papas con salsa y esas cosas. Incluso tienen salsa de arándanos. Es de lata, no está hecha con arándanos reales, lo cual es bueno. Las cosas de lata son mejores. Hay un gran cartel que dice "ACCIÓN DE GRACIAS TODA LA SEMANA". Me emociono mucho porque me encantan las fiestas. Nunca las celebramos en casa. Mami dice que el Día de Acción de Gracias es un derroche de dinero. No veo por qué, ya que el objetivo es comer. Comer nunca es un derroche de dinero. El año pasado, tuvimos una cena recalentada en el microondas y televisión el Día de Acción de Gracias.

Se me hace la boca agua y el estómago me gruñe ferozmente mientras lleno la bandeja del almuerzo con todas estas delicias. Estoy tan emocionado por poder comer esto que ni siquiera me importa tener que decirle "almuerzo gratis" a la cajera.

Ethan me saluda desde nuestra mesa. Al sentarme, hago una mueca de dolor y se me arruga toda la cara.

—¿Estás bien? —pregunta Ethan.

—Sí, estoy bien —miento.

No es cierto: me duele cada vez que me siento porque me azotaron muy fuerte.

—¿Qué te parecieron los cómics de *X-Factor* que te presté? —pregunta él.

—Están buenos, pero *X-Men* está mucho mejor. Aunque creo que los que más me gustan son *Los nuevos mutantes*, porque los personajes tienen nuestra edad.

—No estoy de acuerdo. *X-Factor* es el mejor. Son los cinco X-Men originales.

Me encojo de hombros.

—¿Cómo es posible que estos héroes reciban palizas todo el tiempo y en el número siguiente vuelvan a por más? —pregunto—. Nunca los ves en un hospital o descansando en cama con un ojo morado, o con un yeso.

—Excelente pregunta —dice Ethan, y comienza a exponer su teoría.

Me muevo constantemente en la silla para cambiar la posición en la que estoy sentado, de modo que el peso recaiga sobre mis piernas, no sobre mis nalgas. Pero es complicado. Sea cual sea la posición en la que me siente hoy, no estaré cómodo. Agarro la sudadera y trato de convertirla en un cojín, pero no funciona.

La comida está muy buena, así que trato de concentrarme en eso. Cuando como, me gusta llevarme un poco de todo a la boca. Un bocado de pavo con puré de papa y salsa y aderezo. Luego un poquito de salsa de arándanos, porque no hay mucha. El relleno del pan de maíz es mi favorito, así que trato de dejar un poco para el final. Me gusta que el último bocado sea el mejor de todos.

Ethan saca su almuerzo de una bolsa de papel marrón. Casi todos los días trae su almuerzo. Normalmente estoy celoso porque su almuerzo se ve mejor que el mío. La mayoría de las veces trae sobras, como espaguetis con albóndigas o lasaña. Otros días, es un sándwich, zanahorias pequeñitas y una bolsa de papitas fritas. Seguramente su madrastra compra el paquete variado, porque cada día trae de un tipo o sabor diferente. Ruffles. Lays. Cheetos. Fritos. Crema agria y cebolla. Barbacoa. Queso con chile. Ranchera fresca. Me encantan las papitas. Mi mamá no las compra con mucha frecuencia, pero abuela siempre tiene cuando la visito. Cuando me voy de su casa, me las da todas para que me las lleve.

—La otra cosa que me encanta de los X-Men es que protegen un mundo que les teme y los odia —continúa Ethan—. Realmente desearía tener superpoderes para poder ser un héroe. Protegería a todo tipo de personas. Es decir, supongo que dependería de mis poderes, pero viajaría por todo el planeta para ayudar a todos, ¿sabes?

—Eso sería genial. —Asiento.

—¿Qué harías tú si tuvieras superpoderes?

—Mataría a la gente que le pega a sus hijos —digo sin pensarlo.

—Vaya —dice Ethan, dejando el sándwich—. Eso es un poco macabro, ¿no? Los héroes no matan.

Me encojo de hombros.

—Wolverine lo hace.

—Pero los X-Men no lo aprueban. Los buenos no matan a los malos.

—Tal vez deberían —digo—. La gente mala merece ser castigada.

—Pero si los buenos matan, ¿cuál es la diferencia entre ellos y los malos?

Nunca lo había pensado de esa manera. Ethan me mira raro mientras le doy vueltas a esa idea en la cabeza. Me mira como si estuviera tratando de leerme la mente.

—¿Estás hablando de la vida real o de los cómics? —pregunta.

—De los cómics. —Tomo otro bocado de comida. Mastico. Trago. Sin levantar la vista, agrego—: Pero también de la vida real.

—Ah. Supongo que es justo —dice Ethan—. Supongo que por eso tenemos policías y abogados. Existe todo un sistema. Si haces cosas malas, irás a la cárcel. Si haces cosas extremadamente malas, como matar gente, te condenarán a muerte.

—Sí, pero a veces la ley no es suficiente. Los malos van a la cárcel, salen y luego vuelven a cometer delitos. Pasa todo el tiempo. Por eso Batman es estúpido. Atrapa a los malos, los mete en la cárcel y unos meses después vuelve a perseguir a los mismos. Si haces lo que hace Wolverine y matas a los malos, resuelves el problema. Ya no pueden volver a hacerle daño a la gente. Obtuvieron su merecido.

—No sabía que fueras tan radical —susurra Ethan, casi para sí mismo—. Supongo que si tú y yo estuviéramos en un equipo, yo sería Cyclops y tú serías Wolverine. Yo seguiría las reglas y tú harías lo que quisieras. Esa es una buena dinámica. Pero te mantendría bajo control para que no te pasaras de la raya.

—No podrías detenerme —digo.

Siento que me estoy enojando. No sé si estoy enojado con Ethan o simplemente me siento así porque sí.

—Sé honesto. ¿*Realmente* matarías a los malos? —pregunta Ethan—. ¿Crees que serías capaz de quitarle la vida a alguien?

Lo pienso y tengo una sensación de malestar por dentro. Como si estuviera completamente solo en la oscuridad, aunque sea de día y esté rodeado de gente. Se me calienta la cara y los ojos se me nublan un poco. Es como si estuviera tan enojado que quisiera llorar. Pero no voy a llorar. No en la escuela.

Pienso en cuando Sam me pega. En cuando le pega a mi mamá. Me pregunto si algún día le pegará a Ford. Siento que la rabia me hierve en las entrañas y me pregunto si sería capaz de hacerlo.

Me gustaría ser capaz . . . de hacerle daño a Sam de la misma manera que él nos ha hecho daño a mí y a mi mamá. Y hacerle daño a mi mamá de la misma manera que ella me ha hecho daño a mí. Pero no creo que pueda. Me da vergüenza. Me siento débil. Quizás Sam tenga razón. Soy un mariquita. Y un cobarde.

—¿Rex? —pregunta Ethan.

—No. —Niego con la cabeza—. Pero desearía ser capaz de hacerlo. Sé que es algo malvado, espantoso y terrible, pero en el mundo hay mucha gente malvada. ¿Acaso no ves las noticias? ¿Las cosas malas que la gente les hace a los animales? ¿A los niños? ¿Lo que se hacen unos a otros? Estoy cansado de que la gente haga cosas malas y se salga con la suya. Deberían ser castigados. Es lo que Dios solía hacer. La gente era idiota, así que él inundó el mundo, mató a toda la raza humana excepto a Noé y a su familia y a las parejas de animales que iban con él. Si yo fuera Dios, también castigaría a la gente mala. Aunque ¿sabes qué? En realidad, evitaría que nacieran. Chasquearía los dedos y ¡puf! Se esfumarían. Me pregunto por qué Dios no hace eso ahora.

Ethan abre mucho los ojos y respira hondo.

—Hombre, no estaba preparado para esto. Es una fuerte discusión filosófica.

—El mundo apesta —digo.

Siento un hormigueo en todo el cuerpo, como si quisiera pelear con alguien. O tal vez salir corriendo de la cafetería y seguir corriendo para siempre y no volver nunca más.

Ethan me mira fijamente y me doy cuenta de que tengo los ojos llenos de lágrimas porque estoy a punto de echarme a llorar.

—¿Estás bien? —susurra.

—No lo sé —digo, luchando con todas mis fuerzas para no llorar.

Estoy avergonzado, esperando que Ethan se burle de mí. Pero no lo hace. No dice nada hasta que recupero el aliento.

—Quizás te parezca que no, pero lo entiendo. Todos tenemos nuestros demonios. Pero no puedes dejar que las cosas oscuras te controlen —me dice.

Me pregunto si Ethan tiene secretos. Lo dudo. Puede que no le guste su madrastra, pero ella le prepara el almuerzo todos los días. No recuerdo que mi madre haya preparado alguna vez una comida, excepto cereal quizás. Ethan no lo entiende, no le pasan las cosas que me pasan a mí.

Pero supongo que tiene razón.

—De acuerdo. Quizás no mataría a nadie. Pero encontraría formas de castigar a los malos, de manera que no puedan recuperarse. A los abusadores de niños les cortaría las manos. Luego los ataría y los colgaría en un poste y les grabaría lo que hicieron en la frente para que todos lo supieran. A los que les pegan a sus hijos o a sus esposas, les rompería todos los huesos de las manos. Les diría que si lo vuelven a hacer, les rompería todos los huesos hasta los hombros.

Ethan golpea la mesa.

—¡Rayos! ¡Me encanta! Es increíble. ¿Por qué no pensé en eso? ¡*Deberíamos* escribir un cómic!

Mi amigo sigue hablando de todas las increíbles aventuras que podríamos tener como superhéroes. Lo único en lo que pienso es que tal vez yo no sea uno de los buenos. Puede que no sea capaz de matar, pero quiero hacerle daño a la gente. Los buenos no piensan en las cosas horribles en las que yo pienso. Quizás no sea tan diferente de Sam. Quizás yo sea una mala persona.

La idea me da ganas de vomitar.

De repente, pierdo el apetito.

PAVO

Abuela vive a tres horas de aquí, en Abilene. Pero hoy vendrá a Birmingham a visitarnos por el Día de Acción de Gracias. Desde mi habitación puedo ver el estacionamiento de Vista Nueva. Me quedo mirando por la ventana, esperando que llegue su Toyota. Cuando finalmente lo hace, bajo corriendo las escaleras para saludarla.

Nos abrazamos por un largo rato. Abuela huele a jabón Dove y tiene la piel suave, como un kleenex. Me besa justo en la oreja. Lo hace con tanta fuerza que me pita el oído. Es muy raro, pero lo hace desde que yo era pequeño. Ahora me hace reír.

—¿Cómo fue el viaje, abuela? —pregunto.

—Fácil —dice—. Viajaría mil veces en auto para verte, mijo.

Me besa en la otra oreja y también me pita.

—¡Abue! —chilla Ford, corriendo hacia ella.

Abuela lo abraza y también le besa las orejas. Él chilla, tapándose las orejas.

—¡No me beses las orejas!

—Hola, madre —dice mami con tono gélido.

No sonríe, tiene los brazos cruzados. Mantiene la distancia.

—Hola, Luciana —dice abuela.

Se acerca y abraza a mi mamá. Mami no le devuelve el abrazo.

—No te quedes ahí parado —me ladra mami—. Agarra sus cosas y súbelas.

La sonrisa de la abuela se convierte en una línea muy delgada.

—Te ayudaré.

—Rex puede hacerlo —le espeta mami—. Subamos.

Abuela no escucha. Se acerca y repite:

—Te ayudaré.

Abre el maletero del auto, que está lleno de compras. Algunas cosas están en bolsas, otras, en cajas.

—¿Qué es todo eso? —gruñe mami en un tono más alto de lo habitual—. Madre, podemos comprar nuestra comida. Tenemos dinero.

—No, no tenemos —digo.

Mami me mira. Su mirada dice que pagaré por ese comentario más tarde, después de que abuela se vaya. Trato de no pensar en ello.

—Son solo algunas cosas para los niños —dice abuela.

Mami está molesta. Sin decir una palabra, se da vuelta y sube las escaleras. Me pongo a revisar las bolsas de la compra. Hay paquetes variados de cereales, papitas y galletas. Rollitos de frutas. Barras de chocolate. Barras de granola. Hogazas de pan, potes de mantequilla de maní y gelatina de uva. Paquetes de avena (¡solo hay que agregarles agua caliente!), fruta enlatada en almíbar, bolsas de pretzels, palomitas de maíz para hacer en el microondas. Cajas de arroz y macarrones con queso. Latas de verduras, sopa y espaguetis: mis favoritos. Se me hace la boca agua al ver todas las futuras comidas y meriendas.

Tenemos que hacer cuatro viajes para transportar todo hasta nuestro apartamento del segundo piso y nuestra pequeña cocina.

—¡Es como si la Navidad hubiera llegado más temprano! —anuncio mientras apilo todo con orgullo en los estantes vacíos.

Abuela sonríe al verme sonreír. Mamá no lo hace. Tiene los brazos cruzados y va cambiando el peso de su cuerpo de un pie a otro, como una cobra a punto de atacar.

Abuela y Ford suben unas bolsas de plástico del asiento trasero del auto. Ella empieza a repartir el contenido: algunas cosas son para Ford, otras para mí. Son camisas, medias, ropa interior, todo nuevo. Hay varias cajas de zapatos.

—No sabía su talla exacta de zapatos ni lo que les gusta, así que pruébenselos y elijan lo que quieran. Puedo devolver lo demás. Guardé los recibos.

—*Madre* —dice mami.

Es solo una palabra, pero está cargada de furia.

Abuela fuerza una sonrisa.

—Lo compré todo en la Base de la Fuerza Aérea Dyess. Todo es muy barato para la viuda de un militar. Sin impuestos.

—Los estás malcriando —dice mami con desdén.

—Es lo que hacen las abuelas —dice abuela—. Por favor, déjame hacerlo.

Sam abre la puerta de la calle y saluda.

—Y-ya llegué.

—¡No te atrevas a entrar con esas botas! —grita mami.

—N-no lo haré.

Sam se queda en la puerta, intentando quitarse las altas botas negras de goma de su nuevo trabajo. Tiene el uniforme blanco cubierto de manchas de hierba y suciedad. Apesta a químicos fuertes y tóxicos, huele a lo que saben las baterías cuando les lames los extremos. Sam se dedica a mantener jardines y trabaja desde las seis de la mañana hasta las seis de la tarde, de lunes a sábado. Durante todo el día rocía herbicidas y fertilizantes en el césped de la gente. Parece un trabajo fácil, pero dice que es duro.

Cuando finalmente se quita las botas, entra al apartamento.

—Hola, G-Gabriela —le dice a abuela. Sonríe genuinamente y la abraza—. N-nos alegra m-mucho q-que haya p-podido venir.

—Gracias. Me alegra que me hayan invitado —dice abuela.

Para la cena, Sam decide cocinar su plato favorito: salchichas y chucrut.

—Pensé que cocinar era cosa de mujeres —digo, tratando de usar su lógica en su contra.

Él resopla y niega con la cabeza.

—Esto es c-comida alemana. C-comida de *hombres*, c-como la que c-comían mis antepasados. Somos v-vikingos, ¿verdad, Ford? —Sam muestra sus bíceps.

—¡Vikingos! —dice Ford, y también muestra los bíceps.

Casi corrijo a Sam diciéndole que los vikingos eran de más al norte. Sus enemigos mortales, los sajones, eran de Alemania. Pero lo pienso mejor.

Mami sirve la cena en platos desechables. La comida húmeda los empapa, así que cuando corto la salchicha, se rompe el plato y los jugos se derraman sobre la mesa.

—¡Estás armando un desastre! —grita mami.

—Bueno, no deberías servir comida caldosa en platos de papel —digo.

—¿Necesitas que les compre platos, hija? —pregunta abuela.

—No, madre, tenemos platos —le espeta mami—. Pero no me gusta tener que fregarlos cada vez que comemos. Los platos desechables son más cómodos.

—Tenemos un lavavajillas —digo—. Y usar platos de papel en cada comida es malo para el medioambiente.

Mami me mira de nuevo. Segundo *strike*. No lo hago a propósito, no me parece. Pero me siento más valiente cuando abuela está cerca. Nadie me golpeará delante de ella. Esperarán a que se vaya.

No me gusta esta comida, pero la abuela me mira y me dice: "Come". Ella se come todo el plato. Siempre lo hace. Recoge los últimos jugos de la carne con el pan y lo utiliza para atrapar los pedacitos de chucrut. Como si apreciara cada bocado. Sé que ella era pobre cuando era niña en México. Me pregunto si a su familia también le costaba conseguir comida.

Después de la cena, abuela se prepara la cama en el sofá. Luego, insiste en arroparme. Cierra la puerta con cuidado y se sienta junto a mí en mi saco de dormir.

—Mijo, ¿quieres que te compre una cama?

—No, mami se enojaría —digo—. Estoy bien en el suelo.

Abuela tiene lágrimas en los ojos.

—Sabes que te quiero mucho —susurra—. Ojalá pudiera hacer que tus problemas desaparecieran. Pero tu mamá . . . —La voz se le quiebra.

—Lo sé —digo.

—Ella es muy orgullosa. Testaruda. —Abuela respira hondo y los labios le tiemblan—. Tan estúpida. ¿Por qué no deja que la ayude?

—No lo sé —digo.

—Yo tampoco —dice ella.

Ahora abuela tiene más lágrimas en los ojos, pero sonríe a pesar de todo. Se me acerca y me abraza por un largo rato.

—

NO HAY MANERA DE QUE MAMI NOS DEJE COCINAR EN CASA PARA el Día de Acción de Gracias. Insiste en que pondremos todo patas arriba y no quiere limpiar. Vamos entonces a Luby's. Es como la cafetería de la escuela, pero para adultos y más bonita. Todos los trabajadores usan delantales granates y divertidos gorros de chef, y les dicen "Sí, señora" y "Sí, señor" a todo el mundo, hasta a mí.

Primero, tomas una bandeja; luego, cubiertos envueltos en una servilleta de tela. Luego pasas por una larga fila de servicio, donde tienen todo tipo de comidas dispuestas detrás de vidrios y bajo lámparas calientes. Si quieres rosbif o pavo, lo cortan ahí mismo, para que esté fresco. O puedes pedir pollo, ya sea frito o a la parrilla. También tienen todo tipo de guarniciones, incluidos cuatro tipos de maíz: en mazorca, picante, regular o con crema. También hay un montón de ensaladas, en tazones grandes, todas rodeadas de hielo, pero no entiendo por qué. También tienen todo tipo de pasteles, tartas y pudines. Es asombroso.

Venimos cada vez que abuela viene a la ciudad. Por lo general, pido la torta de carne con queso y trocitos de tocino. Pero hoy, por el contrario, pido pavo con relleno y todo eso.

—¿Le echas más, por favor? —les dice abuela en español a los trabajadores de Luby's.

No sé lo que significa, pero ellos sonríen y me dan una cucharada extra de todo lo que pido.

—Abuela, ¿puedo pedir postre? —le pregunto.

—Por supuesto. —Sonríe—. Lo que quieras.

—¡Él no lo necesita! —protesta mami.

—Está creciendo —dice abuela con calma—. Déjalo que coma.

Tan pronto como nos sentamos, Ford y yo comenzamos a embutirnos de comida. Abuela me toca la mano.

—Recemos primero —dice.

—Ah sí. De acuerdo.

Dejo el tenedor y me trago lo que tengo en la boca. En casa nunca rezamos antes de comer, pero cuando abuela viene, siempre nos pide que lo hagamos. Ella va a la iglesia todos los domingos. También los miércoles por la noche. Mami pone los ojos en blanco ante la petición, pero Sam parece disfrutarlo.

—Querido Dios, te damos gracias por esta comida que nos has proporcionado. Te damos gracias por las bendiciones de cada día y por permitirnos estar juntos en este maravilloso día. Te pedimos que sigas siendo generoso . . .

Abuela continúa rezando por un buen rato. Se me hace la boca agua al ver toda la comida que hay en la mesa. Pero también pienso: "¿Por qué abuela le da gracias a Dios por la comida?". Ella es quien paga por ella. Tuvo cuatro trabajos para poder ahorrar dinero y salir de México; se pagó la universidad y ahora tiene como seis trabajos. Además de hacer trabajo voluntario. Y después, le regala todo su dinero a sus hijos y nietos. Dios no hace eso. Abuela lo hace. Pero ella le agradece una y otra vez. No entiendo. No creo que él deba llevarse todo el crédito cuando es ella quien hace todo el trabajo.

—Posdata —agrego cuando termina de rezar—. Gracias a abuela por todo lo que hace. Ella hace más que todas las personas que conozco. Amén.

—Gracias. Amén —dice abuela sonriendo.

Mami me mira fijamente, como si hubiera dicho algo verdaderamente malvado.

DESPUÉS DEL ALMUERZO, VAMOS A CASA PARA QUE SAM PUEDA tomar una siesta. Dice que está cansado de trabajar largas jornadas toda la semana. Abuela le agradece por llevarnos a comer una comida tan deliciosa. Ella siempre encuentra algo agradable que decirle a la gente y siempre es muy educada.

Ya en la casa, Ford se sienta en el regazo de abuela mientras ella le lee. Yo me siento junto a ellos. Lo que lee abuela es un libro tonto para bebés, pero lo sigo de todos modos. Es agradable sentarnos juntos, sentir su calor. No es un calor insoportable, sino una calidez agradable. No sé cómo explicarlo. Supongo que es como un abrazo sin la parte de los brazos.

Mami observa desde el otro lado de la sala, parada en un rincón, mirándonos a los tres. Como un tigre acechando a su presa. Finalmente, se acerca lentamente y se sienta en el otro extremo del sofá. No hace nada. No mira la televisión ni lee revistas. Simplemente se sienta ahí. Y nos mira.

Me doy cuenta de que está enojada por algo. Hierve por

dentro. Sé que se avecina una pelea y todo el calor de la habitación se desvanece. Como si mami succionara toda la alegría. Mami nunca nos deja pasar un buen día. Siempre quiere arruinarlo.

Mami es una bomba a punto de estallar. Me hace sentir cada vez más incómodo que nos mire así. Odio esperar la gran explosión, así que finalmente pregunto:

—¿Qué?

—¡¿Qué?! —responde ella bruscamente.

—¿Por qué nos miras así?

—Parece que se están divirtiendo mucho —dice ella apretando los dientes.

—Así es —digo—. Es agradable comportarse como una familia.

—¡Bien! Si ella es tan increíble, ¿por qué no los cría? —grita mami.

—Luciana —dice abuela suavemente.

—Lo digo en serio. ¡Estoy aquí las veinticuatro horas del día, los siete días de la semana, criando a estos mocosos! ¡Pero vienes tú un par de veces al año y piensan que eres una santa! ¡Eres increíble, con toda la ropa, toda la comida y todos los regalos que traes!

—Luciana, para —dice abuela.

—¡Apuesto a que Rex desearía que fueras su madre! —grita mami.

—¿Sabes qué? ¡Tienes razón! ¡Sí! ¡Porque ella no es una loca! —grito de vuelta.

Tan pronto como lo digo, me doy cuenta de que no debía haberlo hecho. Tercer *strike*.

La bomba explota. Mami explota. Salta del sofá y entra a la

cocina dando pisotones. Abre los estantes, saca toda la comida que trajo abuela y la tira a la basura.

—¡No necesitamos tu caridad, madre! —grita—. ¡No necesitamos nada de esto!

—¡Mami, para! —grito yo.

Intento interferir, pero ella es un huracán. Le agarro las manos, tratando de quitarle la comida. Luego empiezo a sacar la comida de la basura, a ponerla de nuevo en los estantes, tratando de seguir su ritmo. Ella me empuja, con tanta fuerza que me caigo de espaldas y me golpeo la cabeza con la pared. La habitación se vuelve borrosa por un minuto, pero esto no es nada. Me levanto y de nuevo intento detener a mami.

—¡Esta es mi casa! ¡Haré lo que me dé la gana! —gruñe, y vuelve a empujarme—. Y no quiero su caridad. ¡No necesito su ayuda! ¡No necesito la ayuda de nadie!

Ford comienza a llorar.

No sé cómo, pero abuela se queda muy tranquila. Se mueve lentamente, habla en voz baja.

—Luciana, por favor. Es solo comida. No quería molestarte.

—Todo el mundo te adora. ¡Con tu trabajo perfecto! ¡Y tu casa perfecta! ¡Y tu dinero perfecto! —brama mami—. ¡Eres tan perfecta!

—Nadie es perfecto —dice abuela—. Yo definitivamente no lo soy.

A mami no le basta con tirar las cajas selladas a la basura. Abre las cajas de cereal y las bolsas que hay dentro, y derrama el contenido por todos lados para poder pisotearlo.

—¡No lo quiero! ¡Esta es mi casa! ¡*Mía*!

—¡Para! —grito, suplicando. Cada vez que baja el pie, pienso en la comida que me está quitando a mí y a Ford—. ¡Para! ¡¿Qué te pasa?!

—¿Q-qué-qué diablos está p-pasando? —grita Sam, molesto porque lo han despertado.

Entra a la cocina y se encuentra con la escena. Su panza de cerveza cuelga sobre unos calzoncillos blancos manchados, lo único que lleva puesto. Mira a mami y niega con la cabeza.

—¿Q-qué es esto?

—¡Mami se volvió loca! ¡Está tirando toda la comida que trajo abuela! —grito.

No puedo dejar de gritar. Cuando mami se vuelve loca, yo también me vuelvo loco. Su locura es contagiosa.

—¡L-L-Luciana, basta! —grita Sam.

—¡No! ¡Esta es *mi* casa! —grita mami, abriendo una bolsa de arroz y vertiéndola en el fregadero—. ¡Ella no puede venir aquí y comprar el amor de todos!

—¡Dije basta! —gruñe Sam.

Pero ella no se detiene.

Sam la agarra por los brazos y la inmoviliza. Ella patea, grita y chilla. Se suelta de una mano y lo abofetea. Duro, en medio de la cara. Él le agarra esa mano, pero ella libera la otra y le araña el pecho, sacándole sangre.

La abuela se sienta y se tapa la boca con la mano. Está tratando de no llorar.

—Lo siento. Me lo llevaré. Me lo llevaré todo.

—¡*No* puedes llevártelo! —grita mami—. ¡No puedes llevarte *nada* de eso!

Sam rodea a mami con sus brazos por detrás y la levanta en peso. Ella patea y se resiste, así que él la arrastra hasta el dormitorio. Cierra la puerta de golpe y pasa el seguro. Él grita y grita. Las paredes y los pisos tiemblan. Entonces comienzan los habituales sonidos de violencia, los golpes que conozco demasiado bien. Incluso sin verlos, reconozco el sonido de las bofetadas, de los puñetazos.

Miro el reguero de comida aplastada por toda la cocina, hecha polvo sobre el linóleo. Siento como si me hubieran dado un puñetazo en el estómago. Qué desperdicio.

—Vamos a dar un paseo —les digo a Ford y a abuela. Ambos están llorando—. Vamos. Ir a caminar ayuda. Háganme caso.

Llevo a mi abuela y a mi hermano afuera. El cielo es azul, la hierba es verde. Hay una brisa fresca. Abuela me toma de la mano, pero no habla. Ford deja de llorar cuando le señalo una mariposa.

Salimos del complejo de apartamentos y caminamos hasta el barrio de Liam. Mientras caminamos, miro por las ventanas de la gente. Las familias están sentadas alrededor de una mesa llena de comida, y comen y ríen. Otros siguen cocinando, charlando en la cocina. Algunos han terminado de comer, o no han empezado, y se sientan en sus sofás a ver el fútbol americano o el desfile. Todos están contentos. Son felices. Están agradecidos.

Yo no tengo nada que agradecer.

ORTOGRAFÍA

—*Transformarse* —dice la Sra. Winstead.

Esta es fácil. *Transformarse.* Como los Transformers, los dibujos animados, los juguetes y la película animada que era realmente oscura, pero con *a-r-s-e* en vez de *e-r-s* al final.

—*Poseer* —dice la Sra. Winstead.

Esta también es fácil. Muchas películas de terror tienen esa palabra en el título, como *Posesión.* Solo hay que cambiar *s-i-ó-n* por *e-r.*

Estoy en la clase de inglés, haciendo un examen de ortografía. No soy tan inteligente, así que tengo que estudiar bastante. Por suerte, tengo este método, que es como un juego de memorización. Cada vez que la profesora dice una palabra, pienso en un programa de televisión, una película, una canción o un videojuego que tenga la misma palabra. Entonces sé cómo se escribe.

—*Controversia.*

Ese es más difícil. Pero siempre sale en las noticias.

—*Evolucionar.*

Esa palabra es como *evolución*, que aparece en aproximadamente una docena de libros de ciencia ficción que he leído.

—*Agonía*.

Esa palabra la conozco. No sé cómo, pero la conozco. Me recuerda a mi casa. Así que la escribo rápido y trato de no pensar en eso.

—*Maravilloso* —dice la Sra. Winstead.

Esta es superfácil. Es como la Mujer Maravilla de los cómics. Pero cambiando la *a* del final por *o-s-o*.

—*Pobreza*.

La Sra. Winstead me mira cuando lo dice. Lo hace a propósito. Lo sé porque me mira los zapatos. Son demasiado pequeños y uno está rajado por delante y se me ve la media. Doblo los dedos de los pies para ocultarlos.

Tuve zapatos nuevos durante casi un día entero, pero mami hizo que abuela los devolviera. La hizo devolverlo todo. La ropa, los juguetes de Ford, los libros míos. Lo único que pudimos conservar fue la comida. Sam hizo que mi mamá se quedara con la comida, o lo que quedaba de ella.

Pero ella hizo que abuela se fuera. Abuela tuvo que manejar a su casa en Abilene después del anochecer y sola por tres horas. Esa noche apenas dormí. La idea de que abuela tuviera que manejar a su casa con un auto lleno de regalos me entristeció tanto que quise llorar o golpear algo. Los días siguientes me negué a hablar con mami. Ni una palabra.

A ella no le importó.

El lunes después del Día de Acción de Gracias, volví a la escuela y Sam volvió a trabajar. Cuando llegamos a casa, se había acabado toda la comida. Hasta el último Cheerio había desaparecido.

—No se molesten en buscarla en los contenedores de basura —dijo mami con una verdadera sonrisa de satisfacción—. Llevé toda esa porquería a otro complejo de apartamentos para tirarla. Nunca la encontrarán.

Ella y Sam tuvieron otra gran pelea esa noche. Normalmente trato de detenerlas, de calmar los gritos antes de que se conviertan en golpes. Pero esta vez no. En lugar de eso, me llevé a Ford a casa de Benny y Brad y pensé: "Déjalos que peleen".

Sé que eso me convierte en una mala persona, pero no puedo evitarlo.

Estoy harto de vivir así, tan lleno de odio.

Odio a Sam porque le pega a mami. Lo odio aún más porque me pega a mí. Odio a mami porque me pega. Y la odio aún más por volverse loca todo el tiempo. Odio que no tengan dinero. Odio que siempre se peleen por no tener dinero. Odio que todos los chicos de mi escuela parezcan felices todo el tiempo. A veces odio al mundo entero. A veces no sé a quién odiar. Supongo que la mayor parte del tiempo simplemente me odio a mí mismo.

—La siguiente palabra es *vagabundo*.

Probablemente la Sra. Winstead crea que no conozco la definición, pero la conozco. Es otra palabra para llamar a las personas sin hogar. Puede que mi casa no sea un lugar agradable, pero tengo un techo sobre mi cabeza. No puedo verme la cara, pero siento que se me pone roja. La Sra. Winstead me mira con los ojos entrecerrados, así que yo también lo hago.

No bajo la mirada cuando mami o Sam me miran fijamente.

Así que tampoco lo haré con una vieja cascarrabias como la Sra. Winstead.

—*Vagabundo* —repite ella.

Estoy tan enojado que quiero arrojarle mi pupitre. Pero no lo hago. Escribo "vagabundo". Verifico que lo haya escrito correctamente.

—*Salvaje.*

—Esta vez no miro hacia arriba. Si me estuviera mirando, podría explotar. Intento decirme a mí mismo que no soy como mami, que no soy una bomba. Pero siento que lo soy.

—Los ojos en su propio papel, Sr. Ogle —dice la Sra. Winstead, señalando mi pupitre con el dedo.

—Estaba mirando mi propio papel —digo.

—*Detestar* —añade ella tras aclararse la garganta.

Quiero escribir en el papel: "Sé lo que está haciendo". Ojalá pudiera. Pero probablemente me metería en problemas.

La vieja murciélago tiene como cien años. Lleva el pelo gris recogido en una gran colmena. No me sorprendería que tuviera abejas de verdad ahí dentro. Pero no harían miel. Harían veneno.

—*Desahuciado* —dice. Tiene que estar haciéndolo a propósito. Solo para enojarme—. *Desahuciado* —repite—. Bien. Dejen los lápices. Pasen sus exámenes de ortografía hacia adelante.

La Sra. Winstead deja que la clase lea lo que quiera durante diez minutos mientras califica nuestros exámenes. Todo ese tiempo estoy tan enojado que no puedo concentrarme en mi libro. Leo el mismo párrafo unas veinte veces antes de darme por vencido.

La Sra. Winstead devuelve los exámenes. Su bolígrafo rojo me puso un 85, diciendo que puse mal tres palabras. Imposible. Las compruebo varias veces. Todas están escritas correctamente. Me arden las entrañas cuando suena el timbre.

Los otros chicos salen corriendo del salón. Yo voy directamente hasta la Sra. Winstead y tiro mi examen sobre su escritorio.

—Todas están bien. Tengo cien puntos.

—Claramente no es así —dice ella.

—Erupción. E-R-U-P-C-I-Ó-N —deletreo en voz alta sin mirar—. Cultivar. C-U-L-T-I-V-A-R. Cruzada. C-R-U-Z-A-D-A. ¿Ve? Me las sé todas. Es fácil. No soy estúpido.

La Sra. Winstead me mira de reojo. Vuelve a mirar el papel.

—Tu *u* parece una *w*.

—La Cruzada es una serie de televisión... —empiezo a explicar.

—Las series de televisión no son literatura —interrumpe la Sra. Winstead.

—¡Lo sé! Pero la he visto cientos de veces. No escribiría *Cruzada* con una *w*. Sé que es una *u*.

—Bien. Te daré un 95. Menos cinco puntos por mala caligrafía.

Se me erizan los pelos de la nuca. Mis dedos se recogen formando un puño. Pero no soy Sam. No resuelvo los problemas con los puños.

—Por cierto —digo—, sus cálculos están mal. Solo le dio a la clase diecinueve palabras, y se supone que debían ser veinte. Olvidó una palabra. Déjeme sugerirle una.

En lugar de decirla, la escribo en la parte superior de mi examen en letras mayúsculas: "PREJUICIO".

Salgo corriendo de su salón de clases sin mirarla. Por primera vez en días, siento una gran sonrisa en mi rostro.

AL DÍA SIGUIENTE, MI SENSACIÓN DE VICTORIA SE DESVANECE. ME pongo muy nervioso cuando entro a la clase de inglés. Espero que la Sra. Winstead me dé una nota de detención o me envíe directamente a ver al director. Sin embargo, baja la cabeza, como si estuviera avergonzada. Eso me confunde.

Cuando suena el timbre, la Sra. Winstead va al frente del salón.

—Saquen sus libros —dice—. La lectura libre comienza ahora. —Luego se acerca a la puerta, se retuerce las manos como si las tuviera mojadas y dice—: Sr. Ogle, ¿puedo verlo en el pasillo, por favor?

Un montón de chicos comienzan a exclamar y otros dicen: "Estás en problemas". Algunos simplemente se ríen o susurran. Ahora estoy bastante seguro de que la Sra. Winstead me castigará. O tal vez me suspenda. O peor aún, tal vez un oficial de policía esté esperando afuera del salón de clases. No puedo ir a la cárcel por ser grosero con un profesor, ¿verdad? Suena absurdo, pero estoy sudando como si fuera realmente posible.

Al salir del salón, veo que el pasillo está completamente vacío. No sé si alguna vez lo había visto así, todo silencioso, sin alumnos. Parece que todo está mal, lo que me pone aún más nervioso.

La Sra. Winstead cierra la puerta y nos quedamos a solas. Abro la boca para disculparme, pensando que tal vez no sea demasiado tarde para salvarme, pero la profesora de inglés me interrumpe.

—Yo no soy racista —dice—. Soy una cristiana devota y asisto a la iglesia todos los domingos. Tengo el corazón abierto a todas las personas, sean negros, asiáticos e incluso hispanos, como usted . . .

Estoy a punto de explicarle que solo soy mitad hispano, pero ella me interrumpe.

—Soy una buena persona. —Hace una pausa—. Pero tiene razón. He mostrado . . . prejuicios hacia usted. Y le debo una disculpa.

—No, no tiene que hacerlo —susurro, todavía preocupado por la detención.

—Sí. Sí tengo que hacerlo —dice—. Lo siento.

No sé qué decir. La Sra. Winstead me había parecido muy dura y mezquina . . . hasta ahora. Nunca me había parecido tan mayor. Y temblorosa, casi frágil, como abuela el otro día. Me siento muy mal por todo esto, pero también me alegro de que se disculpe.

Por primera vez, ella me mira. A los ojos. Es un poco incómodo, porque nunca había mirado así a un profesor por tanto rato.

—¿Me perdona?

—Sí. Claro. —Asiento.

Me sorprendo cuando lo digo, porque me doy cuenta de que lo digo en serio. Supongo que si puedo perdonar a mami y a Sam por todas las cosas que hacen, es mucho más fácil perdonar a otras personas por cosas más insignificantes.

OJO DE VIDRIO

En el taller, cortamos madera para hacer pajareras. El Sr. López dice que podemos llevárnoslas y colgarlas en los árboles de nuestro patio. Yo no tengo patio, pero decido que se la voy a regalar a abuela por Navidad.

Jake Russo, un chico de mi clase, cruza el taller corriendo. Le da un puñetazo a Kent Graham en el brazo y luego me empuja. Estoy deslizando un trozo de madera por una sierra gigante cuando lo hace y casi pierdo un dedo. Estoy a punto de gritarle cuando Jake dice:

—¡A que no adivinas en qué acabo de gastar el dinero del almuerzo!

—¿En qué? —dice Kent.

—¡Adivina!

—Me empujaste cuando estaba usando la sierra, idiota —le digo.

—¿En el almuerzo? —pregunta Kent.

—No. Inténtalo otra vez.

—¿Una patineta? —dice Kent.

—No. Inténtalo otra vez.

—Basta —digo—. Dínoslo y ya.

—Le pagué a Tommy García para que se sacara el ojo —dice Jake Russo.

—¿En serio?

Me quito las gafas protectoras y miro más allá de las sierras eléctricas y los tablones de madera en busca de Tommy. Está en el mismo grado que nosotros, pero es treinta centímetros más alto y dos años mayor. Ha repetido dos veces. Lleva una chaqueta de mezclilla con las mangas cortadas y el cabello largo, hasta la cintura, como una estrella de rock.

—¿Qué quieres decir con que se sacó el ojo? —pregunta Kent—. ¿Se le cayó?

—No, tiene un ojo de *vidrio*. Le di dos dólares para que se lo sacara.

—¿Le salió sangre? —pregunto.

—No, pero fue muy asqueroso . . . ¡y *muuuy* genial!

—¿Te le acercaste y le pediste que se sacara el ojo? ¿Cómo supiste que tenía un ojo de vidrio? Yo no lo sabía.

—Me lo dijo Jenny Patel en el primer período. Ella me contó que se lo había sacado la semana pasada por un reto. Quería ver. Le pregunté si me lo podía mostrar y me preguntó cuánto dinero tenía. Fueron los dos dólares mejor gastados de mi vida. ¡Tienes que verlo!

No sé por qué, pero tengo muchas ganas de hacerlo.

Es como cuando todos mis amigos ven una nueva película de terror y yo no. Todo el mundo habla de eso y yo me molesto porque también quiero ver esas cosas. Solo que esta vez, solo una persona ha visto la película de terror, así que tengo la oportunidad de verla temprano y ser uno de los chicos geniales que la vio primero. Pero no tengo dos dólares. Aunque tengo cuatro monedas de veinticinco centavos.

Todos los días, cuando llego a casa de la escuela, paso por la lavandería del edificio y reviso las alcancías de las lavadoras. La gente siempre olvida hacer eso, así que me quedo con las monedas que me encuentro. También reviso el teléfono público. A veces también tiene monedas. Planeaba usar el dinero para comprar una bolsa de papas fritas o un Kit-Kat en las nuevas máquinas expendedoras de la escuela, pero prefiero ver el ojo de vidrio de Tommy.

—Tengo un dólar —digo.

—Yo también tengo un dólar —dice Kent—. ¿Quieres que vayamos juntos?

—¡Sí!

Ni siquiera dudo un segundo. Empiezo a imaginármelo. Tal vez tenga sustancias viscosas o baba o lagañas, o tal vez algo de sangre. Se me pone la piel de gallina de pensarlo.

—¿Cuándo lo hacemos? —pregunta Kent.

—Ahora —digo.

Caminamos juntos, pero lo hacemos muy lentamente. Hay aserrín y astillas por todo el suelo. El Sr. López está demasiado ocupado leyendo una revista de autos como para darse cuenta. Me estoy poniendo muy nervioso. Creo que tal vez una parte de mí esté asustada, o tal vez preocupada de que Tommy se enoje y nos corte por la mitad con una de las sierras. A ver, sé que no lo hará, pero eso es lo que me pasa por la cabeza.

En fin, Kent y yo llegamos a donde está Tommy y nos quedamos allí parados.

Pasado un minuto, Tommy deja de barrer su área y levanta la vista.

—¿Qué? —dice.

Kent se mira las manos y no dice nada. Doy un minúsculo paso hacia adelante e intento hablar.

—Eh, nos preguntábamos si . . . Podríamos, no sé, tal vez . . .

—Suéltalo —dice Tommy.

—Ya sabes . . . ver tu ojo . . . como Jake Russo.

Tommy me mira fijamente por un rato que parece más de un minuto. Luego pone los ojos en blanco, solo que uno no sube del todo.

—¿Tienen dos dólares?

Le entregamos el dinero.

—Son dos dólares por *cada uno* —dice Tommy.

—Ah. Eso es todo lo que tenemos.

Tommy está molesto. Nos mira como si fuera a darnos un puñetazo en la cara a ambos. Podría hacerlo. Es prácticamente un gigante al lado de nosotros. Finalmente, suspira.

—Está bien.

Nos hace señas para que nos acerquemos a un rincón. Mira por encima de mi hombro para asegurarse de que el Sr. López no esté mirando. No lo está. Entonces Tommy levanta la mano y se mete los dedos en la cuenca del ojo. Tantea durante unos segundos. Luego, saca el ojo de vidrio, con un sonido de succión.

No es todo el ojo como pensaba. Es solo la parte delantera.

Pero no miro el ojo de vidrio, miro la cuenca donde estaba el ojo. Es rosada, carnosa y hueca.

—¿Puedo sostenerlo? —pregunta Kent.

—De eso nada —dice Tommy.

Se voltea y vuelve a ponérselo con trabajo. No esperamos. Salimos corriendo.

En el almuerzo, me siento junto a Ethan.

—¡A que no adivinas lo que vi! —le digo.

Cuando se lo cuento, Ethan se vuelve loco. Empieza a hacerme un montón de preguntas asquerosas, quiere saber hasta el más mínimo detalle. Él también piensa que es asqueroso y genial, como yo.

Al día siguiente, veo que llevan a Tommy a la oficina del subdirector. Me pregunto si lo enviaron allí por sacarse el ojo. Es una de esas cosas raras por las que realmente no puedes meterte en problemas, ya que no estás lastimando a nadie, pero que de todos modos molestan mucho a los profesores.

—¿Te metiste en problemas? —le pregunto cuando lo vuelvo a ver en el taller.

—Sí, un montón de idiotas me delataron. Pensé que me iban a suspender o a arrestar. El subdirector probablemente pensaba hacerlo, pero le dije que solo lo hacía para ganar dinero para el almuerzo. No puede enojarse si solo intento alimentarme.

—¿Es cierto? —pregunto—. ¿Lo hacías por dinero para el almuerzo?

—No. —Se ríe—. Tengo almuerzo gratis.

Lo dijo así, sin vergüenza. Simplemente, ¡zas!, aquí tienes la verdad.

No puedo explicarlo, pero de repente me siento más cercano a Tommy. Como si fuéramos familia. O al menos, amigos. Es decir, sabía que alguien más tenía que recibir almuerzo gratis, pero no sabía quién. Siempre quise mirar en la carpeta roja para ver, pero me parecía que eso era una invasión de la privacidad o algo así. De todos modos, debo tener una sonrisa ridícula en el rostro porque Tommy dice:

—¿Qué? ¿Por qué me miras así?

—Yo . . . yo también estoy en el programa de almuerzo gratis —digo—. ¿Quieres, no sé, que nos sentemos juntos algún día?

Tommy se ríe mucho.

—No, mano. No me siento con perdedores —dice.

CASA

Al llegar de la escuela, subo las escaleras hasta el apartamento. Saco las llaves de mi mochila, pero no las necesito.

La puerta está abierta de par en par. La cerradura, arrancada con un martillo, cuelga como un animal metálico muerto. Hay trozos de papel pegado con cinta adhesiva a la puerta, pero alguien lo arrancó dejando solo las esquinas.

Lo primero que pienso es que nos volvieron a robar. La primera vez que alguien irrumpió en nuestra casa fue bastante horrible. Me robaron mi primer walkman y todas mis cintas de casete, y nuestro gato se escapó y nunca regresó. La última vez que nos robaron, les salió el tiro por la culata. No teníamos nada que robar, así que rompieron la ventana por gusto. Lo raro es que te roben más si vives en barrios malos que si vives en barrios bonitos. Pensaría que la gente mala querría robar cosas mejores.

Pero ahora, cuando miro dentro del apartamento, no veo ladrones. Solo a mami haciendo las maletas. Las está haciendo muy de prisa. No tenemos muchas cosas, pero todo está metido en cajas de cartón en el centro de la sala de estar. No entiendo lo que está pasando. Se me escapa el aire de los pulmones.

—¡¿Qué pasa?!

—¿Qué te parece que pase, estúpido? Nos estamos mudando —dice mami.

Recuerdo cuando estaba en cuarto grado, que cambié de escuela cinco veces en menos de cuatro meses porque nos mudábamos a cada rato mientras mami y Sam buscaban trabajo. Tener que empezar de nuevo, con nuevos amigos, nuevos profesores y nuevas clases, en una nueva escuela, en una nueva ciudad, ya es bastante difícil. Es incluso peor cuando tus padres te recogen en mitad del día en una camioneta llena y no puedes despedirte de nadie. Un día tienes un nuevo amigo y al día siguiente no lo volverás a ver.

—¡No! —grito. Agarro una caja y la tiro al suelo—. De ninguna manera. No. Me gusta Birmingham. Me gustan mis amigos. ¡No voy a ninguna parte! ¡No me voy a mudar otra vez!

Mami pone los ojos en blanco.

—Deja de ser tan dramático. No nos iremos de Birmingham. Nos mudamos al otro lado de la ciudad, a poca distancia de tu escuela. Ya ni siquiera tendrás que viajar en autobús.

—¿En serio?

Pienso en el barrio que veo todos los días en el autobús camino a la escuela. Todas las casas son bonitas y las calles están arboladas. Las casas no son enormes, tal vez solo tres o cuatro de ellas tengan dos pisos. Pero son muy lindas, pintadas de bonitos colores pastel. Muchas tienen vallas blancas. Una tiene un gran jardín de rosas rojas y una fuente de piedra con una sirena. Hasta las que no son tan bonitas son mucho mejores que las de Vista Nueva.

Nunca había vivido en una casa. Aunque haga falta arreglarla, está bien. Puedo pintar la casa, el interior y el exterior. Sam puede arreglar el césped con los productos químicos de su trabajo. Mami es buena limpiando, así que puede hacer que el interior sea realmente agradable.

Tendríamos un pequeño patio para que Ford juegue. Tal vez podríamos tener un perro. Podría invitar a mis amigos sin sentirme avergonzado por las cucarachas o los vecinos espeluznantes. Tal vez incluso podríamos tener muebles.

—¿Realmente nos mudaremos a una casa nueva? —pregunto.

—No es nueva, pero lo será para nosotros.

—Usada está bien —digo. Estoy tan mareado que quiero saber hasta el más mínimo detalle—. ¿Cuándo pasó? ¿Por qué no me lo dijiste?

—Porque no es asunto tuyo —dice mami—. Necesitábamos un cambio. El cambio es bueno, ¿no?

Asiento. Corro a mi habitación y empiezo a recoger, todo el tiempo soñando despierto con nuestra nueva casa. Solo me lleva veinte minutos empacar mis pertenencias. Después, ayudo a mami a terminar de empacar lo demás. Lo llevamos todo abajo y lo metemos en la parte trasera de la camioneta del trabajo de Sam. Eso es lo bueno de no tener muebles: mudarse es muy fácil.

Corro para despedirme de Benny y Brad. Me aseguro de anotar su número de teléfono para poder llamarlos. Todavía podemos hacer cosas juntos ya que Sam y su papá son compinches de tragos. Considero correr a casa de Liam para contarle la noticia, pero mami dice que no tenemos tiempo. De todos modos, Liam y yo ya no andamos juntos. Quizás las cosas sean diferentes cuando viva en una casa. Podremos practicar fútbol americano en el patio. O en el jardín.

Me siento ligero, resplandeciente y tibio. Por un rato me siento incapaz de nombrar el sentimiento, y entonces me doy cuenta de que estoy realmente feliz. No solo por mí, sino también por mi familia. Apuesto a que hasta mami está feliz. Estoy emocionado por algo nuevo.

Me río de todo mientras cenamos en McDonald's.

—¿Ford y yo tendremos nuestras habitaciones propias? —pregunto.

—No —dice mami—. La casa tiene dos dormitorios y un baño.

Eso suena como nuestro apartamento, pero está bien. Una casa es mejor que un apartamento porque significa que tienes más dinero. Además, tendremos un patio.

—¿Puedo pintar mi habitación?

—Me da igual —dice mami—. Siempre y cuando compres tú la pintura.

—¡Chévere! —digo—. ¿De qué color quieres que sea nuestra habitación? —le pregunto a Ford.

—¡Neguo! —dice él.

—¿Negro? ¿Como una cueva? Eso podría estar genial.

—No van a pintar su habitación de negro —dice mami.

—¿Rosa? —pregunta Ford.

—No —protesta Sam—. El rosa es c-c-color de ch-ch-chicas.

Me doy cuenta de que Sam ha estado callado todo este tiempo.

Mamá también está de mal humor, pero ella siempre está de mal humor.

—¿Por qué ustedes dos no están emocionados? —pregunto—. ¿No estás emocionada?

Mami se encoge de hombros.

Pienso en preguntar de dónde sacaron el dinero para una casa, pero sé que no debo hablar de dinero en público. Es un tema delicado. Obviamente vamos a alquilar, no a comprar. Alquilar es más barato que comprar.

—Así que mañana, cuando nos mudemos, lo primero que voy a hacer es . . . —comienza mami, pero la interrumpo.

—¿Mañana? ¿No iremos esta noche?

—No. Mañana.

—¿Dónde dormiremos esta noche? —pregunto.

—En el auto y en la camioneta —dice mami como si nada.

—¡¿Qué?! —chillo, completamente aturdido.

—Es solo por una noche —dice mami.

—¿Por qué no podemos pasar la noche en nuestra nueva casa y ya?

—No estará lista hasta mañana al mediodía.

—¿No podemos ir a un motel?

—No. Es un derroche de dinero para solo dormir. De todos modos, gastamos todo el dinero en efectivo en la casa nueva. No te pongas como un bebé esta noche. Será como acampar.

—¡Tú odias acampar! ¡Y es diciembre! ¡Hay mucho frío afuera!

—No vas a dormir afuera. Vas a dormir en tu saco de dormir dentro del auto —dice ella.

—¿Dónde se supone que me duche antes de ir a la escuela? —chillo.

—Puedes dejar de ducharte por un día. No te matará apestar un poco.

—¡No quiero apestar!

Sam tira las papas fritas de la mesa. Las papas vuelan, dispersándose por el suelo. Otras familias nos miran.

—¡Cállense! ¡L-l-los d-d-dos! N-ni una p-p-palabra m-más.

Estaba tan absorto en mis propios pensamientos que hasta ahora no me había dado cuenta de que Sam no solo está callado, sino que está enojado. No hace contacto visual conmigo. ¿Está enojado porque dormiremos en el auto o hay algo más?

Ahora me vienen a la mente la cerradura rota y la nota en la puerta que nunca vi.

Quizás mudarnos tan repentinamente no fue nuestra elección. Quizás tuvimos que marcharnos.

—¿Nos echaron de Vista Nueva? —pregunto bajito.

Sam me arroja el resto de su hamburguesa en el pecho. El kétchup y la mostaza me salpican la camisa.

—¡M-m-maldita sea! —grita.

Sale corriendo hasta su camioneta. Puedo verlo por la ventana pateando y golpeando el vehículo.

Mami me mira.

—Mira lo que has hecho. ¿Estás contento?

No estoy contento, pero tampoco me parece tan grave. ¿Nos echaron? Al menos nos mudaremos a una casa nueva (usada). Eso es bueno, ¿no?

Esa noche, Sam duerme en la cabina de su camioneta del

trabajo. Mami y Ford también duermen allí. Yo duermo solo en el auto de mami, en el asiento del chofer. El asiento del pasajero está lleno de cajas y hay tantas en el asiento trasero que no puedo reclinarme. No estoy cómodo con el volante en el medio. También hay una farola justo encima, iluminando el parabrisas. Doy vueltas toda la noche, no puedo dormir. Cuando finalmente me levanto, tengo un dolor horrible en el cuello.

Volvemos a McDonald's para desayunar. Me gusta mucho su menú de desayuno, especialmente las croquetas de papa. Intento concentrarme en lo crujientes y grasosas que son, y pienso en que esta noche dormiré en una habitación nueva en una casa nueva. Me pregunto si mi ventana dará hacia el frente, hacia atrás o hacia el costado. Sinceramente, no me importa.

Hay que ir a firmar los papeles y a buscar las llaves. Entonces podremos ir a ver nuestra nueva casa. Después de buscar la llave y ver dónde viviremos, podré ir caminando a la escuela. Me emociona estar tan cerca de casa ahora.

Después del desayuno, manejamos por las calles arboladas de nuestro nuevo vecindario. Sigo intentando adivinar cuál es nuestra casa. Pasamos por delante de las que espero que sean nuestra casa. Pasamos la escuela y seguimos de largo.

—¿A dónde vamos? —pregunto.

—Allí —señala mami.

Al entrar al estacionamiento, mis sueños se hacen añicos como una botella de vidrio que alguien arroja contra la pared.

No nos detenemos en el camino de entrada de una casa. Entramos en el lote de un complejo de apartamentos de ladrillos blanco y negro. Está al otro lado de los terrenos de fútbol americano de la escuela, justo antes de las vías del tren. Del otro lado, se ven un antiguo campamento de remolques y un depósito de chatarra donde los autos van a morir.

Todo esto me parece horrible. Como si me hubieran engañado. Nunca había visto este basurero porque la ruta del autobús pasa por delante de las casas, no por aquí. Todo es confuso. Todo está mal.

—¡Dijiste que nos mudaríamos a una *casa* nueva!

—Yo nunca dije eso —se burla mami—. Tú lo dijiste.

—¿Por qué no me corregiste?

—Casa, apartamento, es lo mismo.

—¡No lo es! —grito.

En el estacionamiento, algunas personas mayores deambulan lentamente, como zombis, con sus andadores o bastones. No veo ningún niño. No hay piscina. El parque es solo hierba muerta y charcos de fango. Hay algunos columpios y aparatos para escalar, hechos con neumáticos viejos. Vista Nueva era un basurero, pero era un basurero con piscina. Era mucho mejor que esto. Esto no es un paso de avance. Esto es un retroceso.

Ya estoy extrañando las cucarachas.

La oficina del administrador del complejo de apartamentos parece una iglesia abandonada y dice "Royce Court" garabateado en letras estilo country-western. Ford y yo seguimos a mami y a Sam al interior. Mientras ellos firman los contratos y reciben las llaves, leo los papeles pegados con cinta adhesiva a las paredes de madera falsa.

Algo que se llama Departamento de Vivienda y Desarrollo Urbano patrocina el complejo y permite el "alquiler reducido para familias de bajos ingresos". Eso significa que es una vivienda pública. Eso significa que el gobierno está ayudando a pagar nuestra casa, de la misma manera que paga mi almuerzo.

El estómago se me revuelve y las croquetas de papa empiezan a chapotear. Me siento mal. Caminar de un lado a otro no ayuda, así que me siento. Cruzo los brazos, pero mis piernas no se quedan quietas. Estoy temblando. Me imagino unos cuchillos apuntando a la espalda de mami, deseando que fueran cuchillos reales. Ella me ignora. Sam y ella siguen firmando los formularios. El corazón me galopa dentro del pecho. Justo al otro lado de la calle está el terreno de fútbol americano donde no puedo jugar. Esto será un recordatorio diario de todas las cosas que no puedo tener. ¿Y si Liam o Todd, o peor aún, Zach o Derek, me ven entrando a la casa? Se lo dirán a todo el mundo. Todos sabrán que vivo aquí.

El administrador les entrega las llaves a Sam y a mami. Les estrecha la mano cortésmente. Ellos recogen a Ford y salen, haciéndome un gesto para que los siga como si de pronto se hubieran acordado de mí.

Cuando llegamos al estacionamiento, no puedo aguantar más.

—¡No daré un paso más hasta que me expliques esto! —grito muy fuerte.

—¿Explicar qué? —dice mami.

—¿Por qué el gobierno paga nuestro alquiler? —grito.

—No lo entenderías —dice mami.

—¡Explícamelo! Ustedes no son viejos, no están enfermos, no están discapacitados. Sam tiene trabajo. Y tú podrías conseguir trabajo si realmente quisieras. No dejas que abuela nos compre comida, entonces ¿por qué dejamos que otra persona pague nuestro alquiler?

—No es otra persona, es el gobierno. ¡Ese es su deber! —me grita mami.

—¡¿Es deber del gobierno mantener a personas que pueden mantenerse a sí mismas?!

—¡NO PODEMOS MANTENERNOS! —grita mami a todo pulmón—. ¿Crees que queremos estar aquí? ¿Crees que a Sam y a mí nos gusta la idea de mudarnos a este lugar? ¡¿Eso crees?!

La gente está mirando. Me doy cuenta de que comencé esta pelea, comencé a gritar, a hacer una escena en público. Como lo hace mami. Estoy haciendo lo mismo que tanto odio.

—No entiendes nada. ¡Eres solo un niño! —grita mami.

—¡No soy solo un niño! —grito de vuelta, incapaz de contenerme—. Soy más adulto que tú. Hago el balance de tu chequera, ¿recuerdas?

—Entonces sabes que todo nuestro dinero se va en pagar tarjetas de crédito y viejos préstamos. Puede que Sam tenga trabajo ahora, pero estamos en números negativos. ¡Nos estamos ahogando en deudas!

Las palabras me golpearon como un camión de dieciocho ruedas. ¿Cómo no me di cuenta de eso? Todos los meses veo a mami escribir los cheques. Cada mes, reviso sus cálculos para asegurarme de que se contabilice cada centavo. Todos los meses noto que el dinero está en números negativos. Pero no sabía lo que eso significaba. No había visto el panorama general.

Me da vergüenza ser tan estúpido. Me avergüenza no entender por qué siempre pagábamos cargos por pagos atrasados y cargos por sobregiro. Me avergüenza no haber pensado nunca en ello desde el punto de vista de mami. O el de Sam. Por supuesto que ellos tampoco quieren estar aquí. ¿Alguna parte de mí pensó que sí lo querían?

Me siento horrible y tengo náuseas. Pero al mismo tiempo, estoy furioso. El corazón me late tan fuerte que lo oigo palpitar. Las compuertas están abiertas y no puedo detenerme. Es como si estuviera fuera de mi cuerpo y mi cuerpo estuviera gritando. Toda la sangre de mi cuerpo corre hacia mi cara cuando grito tan fuerte como puedo:

—¡ESTO ES CULPA TUYA! ¡ODIO ESTE LUGAR! ¡Y TE ODIO A TI!

Veo a mami retroceder como un jugador de béisbol en cámara lenta. No se me ocurre apartarme porque sucede demasiado rápido. Mami me abofetea tan fuerte que la oreja izquierda me explota de dolor. Me pita y se queda pitando por un rato.

Me duele el cerebro, como si también me lo hubiera golpeado. Siento una conmoción, como cuando metí un clip en un tomacorriente para ver qué pasaba.

De pronto me mareo y caigo de costado al suelo.

Mami me grita, pero no puedo oír nada por el oído izquierdo. Aunque puedo leerle los labios. Dice que también me odia. Dice que me vaya a la escuela, que me pierda de su vista. Se me echa encima como un pitbull rabioso, ladrando y rechinando los dientes. Sam la detiene. La aleja de mí. Carga a Ford y ambos se van.

Me quedo allí durante mucho tiempo, sin moverme.

En el suelo, a poca distancia de mi ojo, veo una hilera de hormigas en marcha. Parecen ocupadas. Todas trabajando juntas, no cada cual por su cuenta. Apuesto a que nunca pelean. En este momento, más que nunca, desearía ser una hormiga.

CASA DE EMPEÑO

En estos días me da mucho miedo volver a casa. Mami y yo no hemos hablado en una semana. Cuando ambos estamos en casa, ella solo me mira con furia, como si yo fuera su peor enemigo. Como si me odiara. Lo cual no me importa, porque yo también la odio.

Mami es como una granada, pero no puedes ver si la anilla está aún puesta o si alguien tiró de ella, así que Sam, Ford y yo simplemente esperamos a que explote. No me puedo relajar. No puedo calmarme. No puedo ser feliz. Siempre estoy al límite.

Cuando comemos, espero que me clave un tenedor. Cuando plancha, me preocupa que me golpee en la cabeza con la plancha. Cuando maneja, espero que en cualquier momento se salga de la carretera a propósito porque nuestro auto no tiene bolsas de aire.

Es por eso que ayer me quedé junto a la puerta de la casa durante diez minutos, con miedo de entrar.

Es por eso que hoy me quedo aquí casi quince minutos, con la mano en el pomo de la puerta. Respiro hondo y entonces abro.

Sam está desconectando el televisor. Agarra el aparato y lo pone en el suelo.

—¿Qué estás haciendo? —le pregunto.

Tiene una expresión de enojo y vergüenza al mismo tiempo. No me da una respuesta. Reparo en una caja grande llena de cosas del apartamento. Dentro están la tostadora, el estéreo, un montón de discos de la colección de Sam y mi equipo Sony. Es negro y puede reproducir dos casetes al mismo tiempo. Fue un regalo de Navidad de mi padre biológico.

—¿Qué estás haciendo? —gruño.

—P-p-pregúntale a tu m-m-madre.

Los músculos se me tensan y la rabia me nubla el juicio. No puedo detenerme. Voy dando pisotones hasta el baño, donde mami se está secando el pelo. Arranco el cable del tomacorriente.

—¡¿Qué estás haciendo con todas nuestras cosas?! —rujo—. ¿Qué vas a hacer con el televisor?

—Nadie lo ve de todos modos.

—¡Todos lo vemos! ¡Todos los días!

—Bueno, también te gusta leer libros. ¡Así que lee!

—¡¿Y mi equipo de sonido?!

Ford está sentado en el piso. Golpea su camión de bomberos de juguete favorito con un tiranosaurio de plástico.

—Tasa deppeño.

—¿Tasa deppeño? —Traduzco las palabras de Ford—. ¿Te refieres a la *casa de empeño*?

—¡Tasa deppeño! —asiente Ford.

Me vuelvo hacia mami.

—¿Por qué estás empeñando nuestras cosas?

—¡Por eso mismo! —dice mami entre resoplando y riéndose—. Son solo cosas. En realidad nadie es dueño de nada. Todo es pura basura.

—¡Bueno, esta vez se trata de *mi* basura!

Mami me agarra el pellejo y lo retuerce. La forma en que me pellizca deja moretones en forma de estrella de color púrpura y azul que duelen durante días. Me lo hace todo el tiempo. Pero esta vez, es despiadada y no suelta. Grito de agonía, las piernas se me doblan y termino de rodillas.

—¿Crees que quiero empeñar nuestras cosas? ¡No! Pero a veces tenemos que hacerlo. ¡Así podemos mantener las luces encendidas, así podemos comer! —Mami me golpea con el muslo y vuelve a enchufar el secador de pelo.

No quiero que sea ella quien diga la última palabra. Le arrebato el secador de la mano, desconecto el cable del tomacorriente, voy hasta la sala y lo tiro en la caja con el resto de las cosas.

—Si Sam y yo tenemos que sacrificarnos, ¡tú también!

—¡Bien! —grita mami—. Tendremos suerte si nos dan seis dólares por todo eso. ¡No me importa! No sabes lo que se siente . . . ¿Sabes qué? Esta vez vas tú a la casa de empeño. Yo no iré. Para que veas lo que se siente rogar. Dale. ¡Sam, llévalo contigo!

—L-L-Luciana . . . —comienza Sam.

—¡No! —grita ella—. Llévatelo. Nunca ha ido. No ha visto lo difícil que es dejar ir tus cosas. ¡Llévalo! ¡Que aprenda de primera mano lo que se siente!

Toma la caja de cartón y la deja caer en mis brazos. Irrumpe en su habitación y cierra la puerta con tanta fuerza que todo el apartamento tiembla.

—V-v-vamos —dice Sam.

SAM NO DICE NADA MIENTRAS MANEJA. YO TAMPOCO.

De camino a la casa de empeño, pasamos por varias tiendas y restaurantes muy elegantes. Este es el tipo de lugares donde la gente compra relojes de oro, cuadros auténticos, joyas y ropa cara. Una tienda vende figuritas de cristal por cientos de dólares cada una. Uno de los restaurantes es un lugar de pescado, donde el plato más barato cuesta como treinta dólares, y es solo una ensalada. Nunca hemos comido ahí.

Mami y Sam ya han empeñado cosas antes. El televisor y el estéreo los han empeñado muchas veces. Generalmente solo por unos días. Pero nunca han empeñado la tostadora ni nada mío. Supongo que por eso me enojé tanto. Pero también estoy preocupado. ¿Mami y Sam no pueden pagar sus cuentas? ¿Tendremos que irnos de Birmingham? ¿Adónde más podríamos ir si no es una vivienda subsidiada por el gobierno? ¿Vamos a quedarnos sin hogar, viviremos bajo un puente y pediremos dinero al borde de la carretera? He visto gente hacer eso.

Estoy muy preocupado. ¿Vamos a pasar hambre? ¿Vamos a morir?

Intento pensar en otras cosas que pueda empeñar, pero casi no tengo nada excepto libros, y esos solo se pueden vender en librerías de libros usados por un cuarto de su valor. Cincuenta centavos si es de tapa dura. Tal vez un dólar si parece nuevo y tienes suerte.

Llegamos a la casa de empeño, Sam no me mira. Es casi como si no pudiera. Saca el televisor del asiento trasero. Me da la caja con las otras cosas. Lo sigo adentro. En la puerta hay una vieja campana dorada que suena cuando entramos. Tras la primera puerta, hay una segunda puerta, por lo que estamos atrapados en una jaula en el medio.

Un anciano sale de una habitación trasera con luces fluorescentes. Nos observa a través de un grueso cristal rayado, una barrera protectora con una pegatina que dice "A PRUEBA DE BALAS". Las paredes están reforzadas con barras de metal. Me recuerdan a una celda.

El prestamista pulsa un timbre y se abre la segunda puerta.

El hombre ve nuestras cosas y nos indica que nos acerquemos a un mostrador. Por todas partes hay filas y filas de porquería en venta. Joyas, anillos y relojes, todos encerrados tras otro grueso cristal. Hay televisores, equipos de música y aparatos electrónicos en jaulas de metal rojo. También hay muchas otras cosas, como abrigos de piel, gatos de porcelana, conchas marinas y estatuas de vaqueros de peltre. Las paredes están llenas de relojes y afiches de cerveza con luces de neón. Hay estanterías, pero no hay libros. Solo más porquería.

Me pregunto quién compraría esta basura. Buena parte está sucia, manchada o rota. Pero supongo que hay algunas cosas chéveres, como una caja de madera tallada con mujeres desnudas. Un televisor portátil en blanco y negro. Un montón de cuchillos de caza. Algunas estrellas ninja geniales. En la parte trasera de la tienda, hay un estante lleno de cajas con todo tipo de juguetes. Me pongo a rebuscar entre ellos, preguntándome qué tienen. Hay algunas figuras de acción realmente interesantes, pero a la mayoría le falta un brazo o una pierna. Me pregunto quién sería el dueño de estos juguetes y cómo llegaron aquí.

Una sensación de malestar se me adueña del estómago y siento ganas de llorar. No lo hago, pero tengo ganas. Entonces me enojo mucho conmigo mismo por ser tan pusilánime.

Sam tartamudea más de lo habitual. Finjo que no estoy escuchando, pero lo hago.

—¿C-c-cuánto n-nos d-das p-p-por t-todo esto?

—Ochenta y cinco —dice el anciano.

Intento hacer el cálculo en mi cabeza. El televisor es viejo, pero solo él vale el doble que eso.

—¿O-o-ochenta y c-cinco? V-v-vamos, hombre. Este m-mes es N-n-navidad. D-d-danos ciento v-v-veinte al m-menos.

—Ochenta y cinco —repite el anciano.

—Al d-d-diablo c-con eso —dice Sam.

Agarra el televisor, listo para irse.

—Reynolds cerró el mes pasado. Esta es la única casa de empeño en la ciudad —dice el anciano.

Sam duda y vuelve a colocar el televisor sobre el mostrador.

—D-d-dame ciento d-diez.

—Te daré noventa y cinco —dice el anciano—. Es mi oferta final.

A Sam se le ponen blancos los nudillos de furia y sujeta el mostrador.

—B-b-bien.

El anciano escribe una factura, arranca la copia amarilla de las páginas blanca y rosa. Le da el duplicado a Sam. Saca noventa y cinco dólares en efectivo de su caja registradora, los cuenta y se los da a Sam a través de la ranura del cristal a prueba de balas.

El empeño funciona del modo siguiente: llevas tus cosas a una casa de empeño. Se las vendes, pero de forma temporal. La casa de empeño te da algo de dinero. No mucho, pero es dinero en efectivo, así que puedes gastarlo de inmediato en leche, gasolina o lo que sea. Luego, tienes treinta días para volver a comprar tus cosas. Pero si no lo haces, ellos se quedan con las cosas. Luego pueden venderlas a quien sea por más dinero. Si consigues el dinero después de los treinta días, tendrás que volver a comprar tus cosas a un precio más alto. No es un buen sistema, pero supongo que es el único que hay.

Sam no dice nada cuando regresamos a la camioneta. Se queda mirando por la ventanilla, el rostro se le pone cada vez más rojo. Sale del estacionamiento mucho más rápido de lo que debería y casi chocamos con un auto. En el siguiente semáforo en rojo, golpea el volante una y otra vez. No le importa que esté tocando el claxon ni que la gente esté mirando.

Me encojo en mi asiento, tratando de hacerme más pequeño, esperando que Sam olvide que estoy allí. Me pregunto si la tomará conmigo. Como cuando mami detiene el auto y me golpea sin motivo alguno.

Pero Sam se detiene. Niega con la cabeza, cubriéndose los ojos con las manos.

—L-l-lo siento. L-l-lamento que t-tengas que ver eso.

—¿Ver qué?

—A m-mí. R-rogando. Ll-llorando —resopla Sam—. Recuperaré t-tu equipo. Aunque t-tenga que trabajar m-más horas. Lo haré. T-te lo p-prometo.

Sam nunca me había prometido nada antes. Me toma desprevenido.

—No hace falta —digo. Y agrego—: Es solo un equipo de música. No lo necesito de todos modos.

Nos quedamos en silencio hasta que el semáforo se pone verde. Luego seguimos camino a casa.

LECHE DERRAMADA

—¿Deche con chocodate? —pregunta Ford.

—¿Qué se dice? —pregunto.

—¡Pod favod!

—Esa es la cosa. Bien hecho.

A mi hermano le encanta la leche con chocolate. A mí también. Especialmente la que tienes que preparar tú mismo. Mami no nos compra ni el polvo ni el sirope, pero abuela sí. Mami no los tiró en la purga de Acción de Gracias porque los escondí detrás de una tubería. Ahora, echo lo que queda en un vaso. Solo queda sirope suficiente para uno.

—¿Podemos compartirlo? —pregunto.

Ford asiente. Hay muchas cosas que no me gustan de tener un hermano pequeño: limpiar su desorden. Bañarlo. Alimentarlo. Cuidarlo todo el tiempo. Pero es genial cuando es amable porque supongo que eso significa que estoy haciendo un buen trabajo. Además, puede ser bastante divertido.

Dejo que Ford tome el primer sorbo de leche. Toma sorbos pequeñitos. Cuando termina, la leche le cubre el borde del labio.

—¡Bonito bigote! —digo.

—¿Biote?

Bebo un poco, así que también tengo un bigote de leche. Señalo nuestros reflejos en el cristal del horno. Ambos nos reímos.

Le devuelvo el vaso. Sorbe lentamente y se le resbala el vaso. La leche salpica todo el suelo. Ford me mira con grandes ojos húmedos, asustado. Eso era lo que quedaba del sirope de chocolate. Comienzo a enojarme, pero solo me dura medio segundo porque veo que Ford está a punto de llorar.

Me recuerdo a mí mismo que es solo un niño. No lo hizo a propósito.

—No pasa nada, Ford —le digo—. No pasa nada. Limpiémoslo antes de que . . .

Mami aparece en la cocina y ve el desorden. Grita como si nos hubiéramos cortado los dedos o algo así.

—No pasa nada, mami. Yo lo limpio.

Mami agarra a Ford y alza la mano para abofetearlo. Le aguanto la mano.

—¡Para! Fue un accidente.

—¡Era lo que quedaba de leche! —grita mami.

—Buscaremos más.

—¿Cómo? ¡¿Con qué dinero?! —grita ella.

Comienza a tirarse del cabello, chilla y gime. Golpea los estantes. Luego se deja caer deslizándose por la pared y se sienta en el piso de la cocina sobre la leche derramada. Tiene las manos cubiertas de leche cuando se las lleva a la cara. La leche le corre por los brazos y le gotea sobre las piernas, empapándole los shorts.

Simplemente se queda ahí sentada, sollozando, llorando por un largo rato.

Ahí es cuando me doy cuenta.

Está rota.

No sé si nació así o si algo la rompió por el camino. Quizás ser pobre la destruyó. Pero ella no está bien. Y no podrá recuperarse mientras esta sea su vida.

Por mucho que quiera, no puedo odiarla. Ella es mi mamá. Mi única mamá. Me arrastro sobre la leche y la abrazo. Ahora gime, como si un fantasma tratara de escapar de lo más profundo de su interior. El sonido hace que todo mi cuerpo se sienta culpable, una culpa tan pesada que podría ahogarme en ella.

Tengo que dejar de pelear con mi mamá. Tengo que intentar ayudarla.

Solo quisiera saber cómo.

DISCULPAS

—Lo siento —digo.

—¿Por qué? ¿Qué hiciste ahora? —pregunta mami.

Hace días que apenas me habla. En lugar de enojarme, sigo recordándome a mí mismo que debo ser amable con ella.

—No sé. Por todo —digo—. Sé que no soy fácil.

—¿Me lo dices a mí? —dice, pero entonces me mira más de cerca, esperando algo—. ¿Cuál es el truco? ¿Te disculpas porque quieres algo?

Niego con la cabeza.

—Ninguno. Solo quiero decir que sé que debe ser difícil. Lidiar con todo. Cosas de adultos, quiero decir. Pagar cuentas. Tratar de encontrar trabajo. Todo eso.

Ella no puede discernir si soy sincero. Pero lo soy. Una parte de ella lo sabe. Se ablanda un poco. Pero solo un poco.

Hay una parte de mí, muy en el fondo, que es como el niño pequeño que solía ser. Esa parte quiere derrumbarse, llorar y suplicar, decir que lo siento por todo. Asumir la culpa de todas las cosas malas. Las peleas. El dinero. La mudanza. Porque solo quiero que me abrace y que me diga que me quiere.

Pero hay otra parte de mí, supongo que la parte de ahora, la mayor, que se niega a hacer eso. Porque no me arrepiento. Porque no todo es culpa mía, y no diré que lo es porque sería mentira. No me haré responsable por las cosas que no hice. Porque ella me haya pegado. O porque Sam me haya pegado. O porque ella haya peleado con Sam. Esas cosas no son mi culpa. Lamento que pasen, pero no es mi culpa. Y no diré que lo siento. Pero lo siento por todo lo demás. Eso es lo que trato de decir.

—Sé que tengo mal genio . . . —digo lentamente, porque intento pensar en lo que digo antes de decirlo. Quiero decirle: "Mal genio que aprendí de ti", pero no lo hago porque eso no ayudará—. Y lamento haberte gritado. —Me muerdo el labio porque quiero decirle: "Aunque tú siempre gritas primero"—. Quiero mejorar. Quiero ayudar.

Mamá entrecierra los ojos, tratando de entenderme.

—Bien, ya era hora de que te disculparas —dice en tono desagradable. Pero entonces se ablanda un poco más y agrega—: Yo también lo siento. Sé que esta vida no es fácil.

—No es tu culpa —digo por reflejo.

No estoy seguro de si lo digo en serio, pero creo que es lo que ella quiere oír.

Quizás lo que *necesita* oír.

Y tengo razón porque se le humedecen mucho los ojos y veo que está a punto de llorar.

—Es muy difícil. —Solloza—. Ser pobre en este país es como morir de hambre en un buffet. Puedes ver todos esos montones de comida, pero no puedes comer nada. Está simplemente fuera de nuestro alcance. Como todo lo demás. Los trabajos. Las casas. Las cosas que ves en los comerciales de televisión. Todo es una quimera para las personas como nosotros. Todo es mirar las vidrieras de las tiendas. Las tiendas de comestibles, los centros comerciales, los estacionamientos de autos. Todo es lujo y la gente no se da cuenta de lo afortunada que es si puede permitírselo. Nosotros lo sabemos porque no podemos tener nada de eso. No importa lo duro que trabajemos, nunca tendremos dinero como la gente de arriba. Trabajamos tan duro como ellos. A veces más duro. Pero nunca ganaremos el dinero que ellos ganan. El sistema está roto. Simplemente . . . no es justo.

Normalmente, cuando yo digo que no es justo, mami dice: "La vida no es justa". Pero ahora no digo eso. Solo asiento.

—Quiero trabajar —susurra ella—. De verdad. Es fácil conseguir un trabajo cuando tienes trabajo. Pero también ocurre lo contrario. Cuando no tienes trabajo, nadie quiere contratarte. Nadie quiere correr riesgos.

—Alguien lo hará —digo.

—¿Quién?

—No sé. Alguien —digo.

Le sonrío a medias.

Mami me devuelve la sonrisa. Me abraza.

Sé que no es mucho, pero es un comienzo.

SÁBADO

El viernes, de la nada, Liam me pregunta si quiero ir a su casa.

—Hace un siglo que no nos vemos. ¿Quieres hacer algo?

—Está bien —digo.

—Podemos montar bicicleta. Como en los viejos tiempos.

—Me mudé. Ahora vivo en el otro lado de la ciudad.

—Ah —dice él.

—No importa. Voy a tu casa.

—Chévere. Nos vemos mañana.

El sábado por la mañana me toma una hora ir caminando desde Slate Road hasta Glendale Avenue. Al llegar, veo a Liam jugando al baloncesto en la entrada de su casa de dos pisos.

—¿Por qué tardaste tanto? —pregunta, todo sudoroso.

—Es una larga caminata.

—¿Viniste caminando?

Me encojo de hombros. No le digo que mi mamá no me quiso traer porque la gasolina es cara.

—¿Tienes hambre? Vamos a comer algo antes de salir en bicicleta.

Adentro, su mamá está preparando panqueques, huevos, tocino y fruta fresca. Cuando me ve, corre hasta mí y me da un abrazo grande y cariñoso.

—¡Rex, cuánto tiempo! ¿Cómo estás? ¡Cielos, por favor, perdona mi apariencia, estoy hecha un desastre!

Pero no es así. Su cabello es perfecto y lleva un suéter rojo navideño, aretes de perlas y un collar de perlas a juego. El único desastre es toda la masa de panqueques que tiene en las manos y en el delantal.

—Liam me dijo que no estás jugando al fútbol americano. Bien por ti. Desde que empezó, sus notas han sido pésimas. Estoy pensando en obligarlo a dejar el equipo.

—¡Mami! Para ya de hablar. ¡Él es mi amigo, no tuyo! —gime Liam.

Su madre se ríe y finge cerrar los labios.

—Es muy bueno verte —susurra, y me abraza de nuevo—. Vuelve por aquí cuando quieras. Estás en tu casa.

Me lleno un plato con un poco de todo. La mamá de Liam siempre prepara la comida a la perfección: los panqueques son del tamaño de dólares de plata, los huevos revueltos están esponjosos, y el tocino, crujiente. Hasta cortó las mejores frutas: fresas, melón verde y piña. Cuando termino, me sirvo de nuevo. Liam ignora toda la comida que preparó su madre y se calienta un Pop-Tart.

Después de desayunar, subimos corriendo a su habitación para buscar el candado de su bicicleta. La casa es enorme. Tienen tres dormitorios, tres baños, una oficina, un ático, un garaje para dos autos y una piscina pequeña en el patio. A mí me parecen muchas habitaciones para tres personas. Pero desearía tener una casa así.

Liam tiene dos bicicletas. Me presta una para que podamos pasear. Lo sigo hasta el lago Birmingham. Lanzamos piedras al agua y hablamos sobre la escuela, las películas y las cosas que solíamos hacer en quinto grado. No le pregunto sobre el fútbol americano. Eso me recordaría la diversión que me estoy perdiendo y no me gusta sentir envidia.

Cuando volvemos a casa, nos detenemos en el Fast-Mart.

—Tengo sed —dice Liam—. ¿Quieres algo?

Tengo mucha sed, pero no tengo dinero. Niego con la cabeza. Entramos a la tienda y Liam toma un refresco del refrigerador. Lo abre y empieza a beber sin haber pagado. Yo nunca podría hacer eso porque los cajeros probablemente llamarían a la policía.

Liam toma un Gatorade y una bolsa de papas fritas y me las lanza.

—Toma esto, ¿quieres?

Una mujer entra a pagar la gasolina. Liam mira por encima del hombro para asegurarse de que el cajero esté ocupado. Entonces se mete cuatro barras de chocolate en el bolsillo.

—Vamos, toma algo —me dice.

Niego con la cabeza.

El padre de Liam es abogado. Si lo atrapan, solo lo castigarán. Si me atrapan a mí, iré a la cárcel por el resto de mi vida.

Liam se encoge de hombros.

—Como quieras.

Se mete un paquete de Starburst en el otro bolsillo. Luego avanza hasta el mostrador, mira al cajero a los ojos y le sonríe de manera realmente encantadora. Él es así, encantador. A todo el mundo le cae bien. Probablemente por eso puede salirse con la suya.

Pone la lata de Coca-Cola vacía sobre el mostrador y eructa muy fuerte.

—Perdón. —Se ríe cuando pone las papas fritas y el Gatorade sobre el mostrador. Saca un pequeño fajo de billetes, principalmente de cinco y de diez. Paga sus cosas y le guiña un ojo al hombre, diciendo—: Que tengas un maravilloso día, amigo.

—¡Oye! ¿No vas a comprar nada? —me dice el cajero cuando estamos a punto de salir.

—No.

—Déjame ver tus bolsillos —me espeta el hombre.

Muy molesto, me levanto la camisa y me palpo. No tengo nada en los bolsillos. Ni siquiera un centavo. El cajero me mira mal de todos modos.

Cuando salimos del Fast-Mart, Liam comienza a reírse tan fuerte que llora.

—¡Eso *no tuvo precio*!

—Me alegra que pienses que fue divertido.

—¡Lo fue! Le robo al tipo en su cara y él se te queda mirando a ti todo el tiempo. Deberíamos ir juntos a una joyería.

—No, gracias —le digo.

Estoy muy irritado por varias razones. Primero, si hubieran atrapado a Liam, probablemente yo también me habría metido en problemas. Segundo, odio que los cajeros siempre piensen que estoy tratando de robar algo. Me hace enojar mucho. Y tercero, esa es la parte que simplemente no entiendo, así que le pregunto:

—¿Por qué lo haces? Tienes dinero de sobra. Entonces, ¿por qué? ¿Por qué arriesgarte a meterte en problemas?

Liam se encoge de hombros.

—No sé. Porque puedo.

Pienso mucho en eso en el largo camino de regreso a casa. Quizás sea bueno que Liam y yo ya no seamos amigos. Cuando éramos niños, hacer tonterías era divertido. Pero ahora me estoy haciendo mayor. Puedo meterme en un verdadero problema. Eso solo empeoraría las cosas. No solo para mí, para todos: para Sam, mami y Ford.

Sé que pensé que Ethan era un tipo raro cuando lo conocí, pero de repente me alegro mucho de que sea mi amigo. Él nunca robaría algo solo porque sí. Ethan es una buena persona. Tengo la esperanza de que, si ando con él lo suficiente, también me convertiré en una buena persona.

PALILLOS

—¡Rex! —grita mami cuando salgo de mi habitación. Me embiste como un toro. Me cubro la cabeza y me parapeto tras el marco de la puerta.

Pero ella no me pega. En cambio, me abraza y me aprieta fuerte hasta que no puedo respirar.

—¡Lo conseguí! —grita—. ¡Conseguí el trabajo! —Da grandes saltos, sonriendo con una sonrisa real, brillante, amplia y de dientes blancos—. ¡Lo conseguí! ¡Lo conseguí!

Vuelve a rodearme con sus brazos. Se siente extraño, un poco claustrofóbico. No es que no sea agradable. Es bonito, supongo, simplemente . . . no estoy acostumbrado.

—¿Dónde? —le pregunto.

—En el Mandarin Garden, el restaurante más nuevo de Birmingham. Rex, esto cambia las cosas. ¡Este restaurante es precioso! Está justo al lado de la autopista en el centro de la ciudad, por lo que el lugar estará lleno día y noche. Estoy muy emocionada. ¡Voy a ganar mucho dinero! ¡Seremos ricos!

Lo de ser ricos me parece un poco exagerado. Pero no digo nada. Sonrío y le doy un abrazo.

—¿Podemos comer allí? —pregunto.

—Esa es la mejor parte. Recibo una comida gratis al día y lo que sobre al final de la noche. Puedes comer allí la noche de la apertura. Le dijeron a todo el personal que invitara a su familia. ¡Y todo estará a mitad de precio!

Esa noche, sueño que corro sobre un rollito primavera enorme, nado en una sopa de huevo humeante y lucho contra un dragón gigante. El dragón me quema una pierna, pero debajo tengo un palillo. No entiendo el significado de este sueño, si es que tiene alguno, pero me despierto con hambre. Cuando llega el viernes, no puedo evitar que se me haga agua la boca.

Hasta Ford está entusiasmado.

—¿Uso lapillos? —pregunta una y otra vez.

—*Palillos* —lo corrijo.

—Eso es lo que dije. ¡Lapillos!

Sam llega a casa una hora antes de lo habitual. Apesta a los herbicidas y fertilizantes que roció durante todo el día. Treinta minutos después, sale del baño como un hombre nuevo. Se pone la camisa que guarda para ocasiones especiales y para ir a la iglesia con su madre. Lleva el pelo peinado con raya y huele a colonia. Hasta se afeitó.

—¿E-están listos para r-rellenarse los cachetes? —pregunta.

—¡SÍ! —gritamos Ford y yo.

Salimos de la autopista y entonces vemos el cartel. MANDARIN GARDEN. RESTAURANTE CHINO FAMILIAR. ¡¡ABIERTO AHORA!!

El edificio parece hecho en China y traído hasta aquí solo para nosotros. La base es de ladrillo marrón con molduras negras. Los bordes de las ventanas tienen azulejos de color rojo intenso con detalles dorados. Los tejados inclinados refulgen bajo el sol poniente. Las grandes puertas carmesí están custodiadas por dos leones de piedra gigantes.

—¡Ford, ayuda! ¡El león me está comiendo! —digo, metiendo la mano en la boca de la estatua.

Todos nos reímos. Ford se sube a la estatua y mete la mano en la boca del león.

—¡A mí también me está comiendo!

Normalmente me molesta cuando Ford me copia, pero esta noche todos estamos de buen humor.

Por dentro, el restaurante parece aún más auténtico. Los techos están pintados con imágenes de dragones. Los muebles son negros cubiertos de cuero rojo. Las paredes tienen detalles dorados y exhiben tigres y guerreros luchando.

—Bienvenidos a Mandarin Garden —dice la anfitriona con un fuerte acento—. ¿Tres para cenar?

—¿Podemos sentarnos en la sección de Luciana? —pregunto.

Mami nos ve y corre hacia nosotros. Nos abraza fuerte a Ford y a mí, y besa a Sam en la boca. Nos presenta a los dueños del restaurante y luego nos lleva a su sección. Nos da unos grandes menús negros con borlas doradas.

—Es muy elegante, ¿no? —susurra—. Todo en el menú está en inglés *y* en chino.

Intento descifrar las letras para poder escribir en chino, pero me rindo y me pongo a leer los cubiertos, que explican el zodíaco chino. Quisiera ser un tigre o un dragón, pero por mi año de nacimiento soy un caballo.

—Popular y atractivo para el sexo opuesto —leo mi horóscopo en voz alta—. Suele ser ostentoso e impaciente. Necesita de la gente. Debe casarse temprano con un tigre o un perro, pero nunca con una rata.

Ford parece confundido.

—¿Casarse con un perro? —pregunta—. ¡Pero eso es una mascota!

Mami regresa con los aperitivos y nos olvidamos del zodíaco.

—Esto es sopa de huevo, sopa wantán, rollitos primavera con salsa agridulce, camarones fritos y rangoon de cangrejo.

—¿Qué es el ragú de cangrejo? —pregunto.

—Rangoon. Son dumplings fritos rellenos de cangrejo, ajo y queso crema.

—Asco.

—Pruébalo —dice mami.

Su suave sonrisa me persuade a darle un mordisco. El cálido interior del rangoon me salpica la lengua, y estoy en el cielo.

—¡Está muy bueno!

—¿Viste?

Mami sonríe. Le toma la mano a Sam y le cuenta de sus platos favoritos del menú. Con su falda negra, su camisa blanca planchada y su delantal negro, mami está más feliz de lo que la he visto en mucho tiempo. Es como si se hubiera ganado la lotería. Intento recordar la última vez que sonrió tanto y no lo logro.

Le toca atender otra mesa, así que Sam le da una palmada en el trasero y le dice:

—A t-t-trabajar, m-m-mamacita.

Mami se ríe.

—¡Puaj! ¡Asco! —digo arrugando la cara.

—Mamacita —dice Ford cada vez que mami pasa.

Todos nos reímos.

Ford, Sam y yo hablamos de cómo nos fue en el día mientras devoramos los aperitivos. Sam me pregunta sobre la escuela. Hablo sobre todo de la clase de arte. Ford nos habla de su nuevo dibujo animado favorito. Sam nos cuenta sobre el trabajo, dice que pisó excrementos de perro y los arrastró hasta la casa de una señora por accidente, y que la mujer estaba tan asqueada que casi se desmaya. Me río tanto que me sale salsa de soja por la nariz. Esto nos hace reír aún más a todos. Es extraño que viva con Sam y que no hayamos hablado en tanto tiempo. Había olvidado lo gracioso que es cuando cuenta historias. Mami regresa con enormes tazones de arroz blanco humeante y platos de pollo al limón, cerdo agridulce, filete a la pimienta, pollo General Tso y el especial de la casa: pollo mandarín, que son *nuggets* fritos en salsa dulce de ajo. Quiero probarlo todo. El pollo con limón me explota en la boca, mejor que cualquier cosa que haya comido. Es decir, hasta que pruebo los *nuggets*. Son como los de Chick-fil-A, pero mejores.

Todos queremos intentar utilizar los palillos. Sam se da por vencido después de un par de intentos. Ford no lo hace y sigue tirando comida por toda la mesa. Me río hasta que Sam refunfuña que dejemos de desperdiciar comida. Sigo intentándolo, pero no consigo meterme el arroz en la boca. Tengo demasiada hambre para esperar, así que me rindo y agarro un tenedor.

Comemos y comemos y comemos hasta que no podemos comer ni un bocado más. Me duele la panza, pero es un dolor bueno porque estoy repleto. Siento como si el cerebro me flotara. Mami se sienta a mi lado y me abraza. Me besa la frente como lo hace con Ford.

—¿Qué te pareció? —me pregunta.

—Cielos, muy rico —digo—. ¿Podemos comer aquí todas las noches?

Mami se ríe de nuevo.

—Bueno, no todas las noches. Quizás una vez al mes. Pero puedo llevar comida a casa. ¿Qué te parece?

Ford y yo chocamos palmas.

—¡Ay, casi lo olvido! —Mami sale corriendo y regresa rápidamente con un platito dorado con galletas de la fortuna.

Abrimos las galletas una por una. Sam empieza.

—La t-t-tierra está siempre en la m-mente del p-pájaro volador. ¿Qué s-significa e-eso?

Mami lee la suya.

—Tus zapatos te harán feliz hoy. —Sam y yo nos reímos, pero mami dice—: ¡No, es verdad! ¡Estos nuevos zapatos de trabajo son fantásticos para estar de pie todo el día!

Ford me da su galleta para que se la lea.

—Te casarás con tu único amor verdadero . . . ¡y pronto!

Ford abre mucho los ojos y dice:

—¡Mamacita!

Todos nos reímos. Sam y yo rugimos hasta que las lágrimas

nos corren por las mejillas. Mami se sonroja e intenta no reírse frente a sus nuevos jefes.

Finalmente, abro la mía y saco el pequeño rectángulo de papel blanco. Leo en voz alta:

—Una gran riqueza está en camino.

Siento que el calor me recorre el cuerpo.

—Mami, es tal como dijiste. Tenías razón.

Mami me aprieta la mano y me da otro abrazo. Me podría acostumbrar a esto.

Un mozo se lleva nuestros platos y regresa con las sobras en cajitas blancas para llevar. Todas tienen un asa de alambre y el dibujo de un templo chino impreso en color rojo por los lados. La dueña, una mujer mayor, me da más galletas de la fortuna y un par de palillos extra. Insiste en que aprenda a usarlos antes de volver.

Mami nos acompaña afuera. Besa a Ford en las mejillas, cuatro besos en cada una. Besa a Sam en los labios y lo abraza. Luego me abraza de nuevo. No lo digo, pero me gusta mi nueva mamá trabajadora.

—Rex, mañana deberías llevar algo de sobras a la escuela —dice.

—¿De verdad? —pregunto.

Mami asiente. Es una gran idea. Los otros chicos llevan sándwiches, pasta o ensaladas. Nadie va nunca a la escuela con comida china. Será genial. Es un almuerzo gratis sin la parte en la que tengo que decirlo en voz alta.

Antes de irnos, corro y abrazo a mami nuevamente. Esta vez, me quedo abrazándola por un buen rato.

ÁRBOL DE NAVIDAD

La mejor parte de las vacaciones es estar dos semanas sin clase. El último día antes de las vacaciones realmente no se hace nada. Los profesores también cuentan los minutos. Excepto la Sra. Winstead. Ella nos pone un examen sorpresa.

Califica mi examen de vocabulario como todos los demás. Saco un 100. Fallé una palabra (*aplomo*, que significa estar tranquilo cuando en realidad estás estresado). Pero acerté la palabra extra (*léxico*, que es otra palabra para decir "vocabulario").

En el almuerzo estoy emocionado. Aunque tengo que decir "almuerzo gratis", hay pavo y aderezo otra vez como en el Día de Acción de Gracias.

—¿Vas a ir a alguna parte? —me pregunta Ethan cuando me siento con él.

—No —digo—. ¿Y tú?

—A Colorado con mi familia, a una estación de esquí.

—Suena divertido —digo.

—No precisamente. Viajar con mi familia es lo peor. Mi papá dice que volar es demasiado caro, así que tenemos que ir por carretera. Todos se gritan unos a otros durante el viaje. Cuando llegamos allí, nadie quiere hablar con nadie. Normalmente pasamos los dos primeros días en total silencio.

—¿Tu familia pelea? —pregunto sorprendido.

—Todas las familias pelean —dice Ethan.

No lo digo, pero pienso: "Tu familia no pelea como la mía".

—Tienes suerte —dice Ethan—. Yo prefiero quedarme en casa. Puedo ver televisión y dormir en mi propia cama. Siempre termino compartiendo una habitación de hotel con mis hermanas. Horrible.

—¿Quieres cambiar conmigo?

—¡¿Para que puedas dormir con mis hermanas?!

Ethan me lanza una papa frita. Intento atraparla con la boca, pero me rebota en la mejilla.

—No. Simplemente creo que los viajes son divertidos.

Aunque los únicos viajes que hago son para ver a mi abuela o a mi padre biológico. No estoy seguro de que los viajes familiares cuenten.

—Ah, antes de que lo olvide . . .

Ethan mete la mano en su mochila y saca un rectángulo delgado envuelto en papel brillante rojo y verde.

—¿Qué es esto?

—¿Eres extraterrestre? —Ethan se ríe—. Es un regalo de Navidad. O de Janucá si eres judío. ¿Eres judío?

—No soy nada —digo.

Rompo el papel de regalo. Dentro hay un montón de cómics de X-Men, incluido el número especial de *Los nuevos mutantes* de tamaño doble que quería. Hojeo las páginas, contemplando los colores brillantes y el arte extraordinario. Me toma un minuto completo darme cuenta.

—No tengo ningún regalo para ti.

Evito los ojos de Ethan, avergonzado.

Ethan se encoge de hombros.

—No pasa nada. Me alegro de que nos sentemos juntos a almorzar. Eres realmente genial. Eres mi mejor amigo, ¿sabes?

No sé qué decir. Es extraño escuchar a Ethan decir así lo que siente. Cuando decía que Liam era mi mejor amigo, Zach se burlaba de mí y decía que yo era gay. Pero Ethan no piensa así.

—Tú también eres mi mejor amigo —digo.

Ethan dice que no le importan los regalos y lo dice de verdad. Aun así, siento mucha culpa, como si hubiera debido acordarme de él. Decido que, durante las vacaciones, haré un cómic sobre él. Puedo escribirlo y dibujarlo, con él como héroe. Porque él es una especie de héroe.

Cuando suena el último timbre del día, me tomo mi tiempo antes de salir. Siempre me quedo en la clase de arte de la Sra. McCallister. Suelo tomarme cinco o diez minutos más para terminar cualquier proyecto de arte en el que esté trabajando. Luego, muy despacio, voy hasta mi casillero. Sin prisa. Lo hago porque los autobuses paran detrás de la escuela y no quiero que nadie me vea entrar a Royce Court.

Si camino lo suficientemente lento, la mayoría de los autobuses ya se han ido cuando salgo. Solo me lleva cinco minutos caminar desde la escuela hasta la puerta de mi casa. Sé que es una tontería o una estupidez o lo que sea, pero aun así no quiero que nadie sepa dónde vivo. Puedo ayudar a mami y a Sam siendo más amable en casa, pero aún estoy avergonzado de ser pobre. Es decir, creo que todos los chicos se avergüenzan de algo. Yo me avergüenzo de eso.

Cuando llego a casa, el apartamento huele a Windex y a Pledge de limón. Mami tiene puestos unos guantes de lavar platos y está limpiando el televisor.

—¡Recuperaste nuestro televisor! —digo.

—¡Me pagaron hoy! —dice mami—. ¡Y también compré una videograbadora para poder ver películas!

Me emociono. Siempre quise alquilar películas y verlas en casa, como otros chicos.

Mami sigue rociando y frotando. Es su pequeño ritual. Siempre que nuestras cosas regresan de la casa de empeño, mami pasa una hora limpiándolas. Odia los gérmenes. Además, creo que le encanta limpiar. No tenemos muchas cosas, pero ella siempre se asegura de que todo esté impecable. Diablos, hasta pasa la aspiradora todos los días.

Después que termina de limpiar el televisor, lo conecto y configuro la antena. Conecto la videograbadora también y me aseguro de que funcione. Mami está fregando la tostadora cuando me acuerdo de algo.

—Mami, ¿dónde está mi equipo de sonido?

—Bueno, cariño . . . —La voz se le apaga—. Hubo un error en la casa de empeño. Accidentalmente lo vendieron.

—¡¿Qué?! —se me quiebra la voz.

—Te compensaremos con algo, ¿de acuerdo?

—Mi papá me lo compró.

—Tal vez él pueda comprarte otro —dice ella.

Me doy cuenta de que se siente mal por eso. Y aunque estoy

un poco enojado, respiro hondo. Cuando ella intenta abrazarme, en lugar de alejarme, la dejo que me abrace y le devuelvo el abrazo.

—No pasa nada —digo.

—¿Qué es lo que digo siempre? —dice mami—. Todo en esta vida es temporal. Así que aprecia lo que tienes mientras lo tienes.

Asiento. Es un dicho tonto, pero sé lo que quiere decir.

Intentar ser una mejor persona es realmente difícil. No sé por qué, pero es muy difícil no enfadarse. Quizás es que soy así en el fondo.

Es decir, las cosas de nuestra casa siempre se van. A veces se van por poco tiempo y otras veces nunca regresan. Aunque normalmente son cosas de Sam o de mami. Supongo que esta es la primera vez que algo mío se va y no regresa.

Quizás también sea por mi papá. Solo lo veo una vez al año. Cuando voy a verlo, me lleva al centro comercial y me compra ropa y zapatos nuevos. No lo hace por ser amable. A él y a mi madrastra les da vergüenza que los vean en público conmigo en mi ropa normal. Las cosas que realmente quiero, él nunca me las compra. Dice cosas como: "¿No eres demasiado mayor para tener juguetes?", o "Dudo que vayas a leer ese libro completo", o "Cuando yo tenía tu edad, solo las niñas usaban collares". Pero cuando le pedí el equipo, me lo compró, así que significa mucho para mí.

Ahora ya no está. Lo único bueno que mi papá hizo por mí. Respiro hondo y trato de olvidarlo. Después de todo, fue él quien me abandonó hace mucho tiempo.

Mami desaparece en la cocina y regresa con una caja.

—Compré unos Ding Dongs de esos que te gustan. Los de chocolate envueltos en papel de aluminio.

—¿Ah, sí? ¿Puedo comerme dos?

—No. —Se ríe—. Pero puedes comerte uno ahora y otro después de cenar.

No sé si es el azúcar, el chocolate o el relleno de nata, pero el pastelillo me hace sentir mejor.

—

MAMI, SAM, FORD Y YO NOS SENTAMOS JUNTOS EN EL SOFÁ A VER la televisión. Durante las vacaciones, siempre ponen las mismas películas. Algunas son realmente tontas, pero me encanta la del niño que quiere una escopeta de aire comprimido. Esa es la que vemos. Nos reímos y hablamos de nuestras partes favoritas durante los comerciales.

A la mañana siguiente, Sam nos sorprende.

—V-vamos a d-dar una vuelta en el auto —dice.

—¿A dónde? —pregunta mami.

—Y-ya v-verás.

Los cuatro vamos en el auto hasta Colleyville. Por el camino, Sam se tira pedos. Hace que el auto huela como si hubiera algo muerto. Ford y yo gritamos y tenemos arcadas.

—¡¿Qué es lo que te pasa?! —grita mami. Baja la ventanilla a pesar de que hace mucho frío y dice—: Es mejor morir congelados que oler tus pedos asquerosos.

Todos nos reímos.

Me parece que vamos en dirección de KMart hasta que Sam

gira a la derecha en vez de a la izquierda y sale de la autopista. Entramos a un terreno lleno de autos, gente y árboles de Navidad. Cuando Sam abre la puerta, un olor a pino fresco me hace cosquillas en la nariz.

—No. De eso nada. Definitivamente no —dice mami. Se cruza de brazos y se niega a salir del auto—. Los arbolitos son un derroche de dinero.

—No m-me importa —dice Sam—. Soy a-alemán. Los a-alemanes i-inventaron los árboles de N-n-navidad. Este año q-q-quiero uno. Toda la c-casa olerá a p-pino.

Mamá niega con la cabeza.

—¿Quién se hará cargo de él? ¿Quién lo regará, le limpiará las agujas y se asegurará de que Ford no se electrocute? ¡Seré yo!

—Shhhh, m-mujer. —Sam sonríe y la besa en la mejilla—. Yo m-me ocuparé de t-todo.

Solíamos tener un árbol de plástico. Uno de esos que sacas de una caja y lo montas. Pero un año no volvió de la casa de empeño.

Nunca había tenido un árbol vivo. Al principio, no le veo el sentido. Pero al recorrer varias hileras de píceas, abetos y pinos, veo a otras familias hacer lo mismo que nosotros: todos hablan de los olores y las formas de los árboles, y si caben en el auto o por la puerta de casa, y si son demasiado altos. De repente me doy cuenta de que estamos actuando como los demás. No, no estamos actuando. Somos como los demás.

Casi siento como si hubiera ganado un gran concurso.

El cuerpo se me entibia, como si acabara de beber un litro de chocolate caliente. Ahora lo entiendo. Hay algo mágico en los árboles reales. Ya quiero hacer esto todos los años.

Corro detrás de Ford y Sam, intentando votar por el árbol que más me gusta.

—Sigo pensando que es un derroche de dinero —repite mami.

No descruza los brazos. Sam trata de hacerla cantar con la música navideña que suena en los altoparlantes, pero ella no cede.

—A-anímate —dice él, dándole un empujoncito—. ¿D-d-dónde está t-tu espíritu n-navideño?

—No tengo —dice ella.

Sam me da un empujoncito.

—Q-quieres un árbol, ¿v-verdad?

Asiento.

—Huelen increíble. ¿Todo nuestro apartamento olerá así?

—Sí —dice Sam.

—No con tus pedos —gime mami.

Ford y yo nos reímos. Sam me señala y dice:

—T-t-tira de mi d-dedo.

—¡De ninguna manera! —digo.

—¡De ninguna manera! —repite Ford.

—¡Vamos! Hazlo p-por P-papá N-noel —dice Sam—. T-tira de mi d-dedo.

Tiro del dedo y Sam se tira un pedo. Al final de la trompetilla se escucha un sonido húmedo. La cara de Sam se le pone blanca.

—¿Qué ocurre? —pregunta mami.

Sin decir una palabra, Sam se da vuelta y camina como un cangrejo hasta la carretera.

—Sam, ¿qué pasa? —lo llama mami.

Lo vemos mirar a ambos lados, luego cruza la carretera

corriendo y desaparece dentro del Arby's. A través de las ventanas lo vemos correr hacia el baño.

—¿Crees que esté bien? —pregunto.

—Creo que . . . Sabes . . . Tuvo un accidente —dice mami.

—¿Qué quieres decir?

Mami mira a su alrededor para asegurarse de que nadie pueda oírla.

—Creo que se cagó en los pantalones.

Ford y yo nos miramos fijamente, y nos echamos a reír.

—¡Papá hace caca en pantalones! —Ford se ríe—. ¡Papá hace caca en pantalones!

—¡No es gracioso! —dice mami, pero ni siquiera ella puede contener una risita.

Veinte minutos después, Sam regresa.

—N-n-ni una p-p-palabra d-de esto —dice.

Compra un árbol, lo ata y lo asegura en la parte superior del auto. Entramos todos al auto. Mami es la primera en echarse a reír. Ford y yo la seguimos.

—¡Papá hace caca en pantalones! —dice Ford.

Hasta Sam empieza a reírse.

LA MAÑANA DE NAVIDAD, FORD SALTA SOBRE MI CABEZA.

—Despierta. ¡Vino Papá Noel! —grita con alegría—. ¡Papá Noel trajo regalos!

Soy demasiado mayor para creer en Papá Noel, pero finjo por mi hermanito.

—¿Ah, sí? ¡Vamos a ver!

En la sala hay catorce regalos debajo del árbol. Están envueltos en periódico y papel de aluminio. Ford y yo tomamos las cajas y las sacudimos ligeramente, intentando adivinar qué hay dentro. Pero no abrimos nada. Esperamos a que mami y Sam se despierten para no meternos en problemas. Tendremos que esperar un poco más. No nos dejan abrir nada hasta que no hayan tomado café.

Divido los regalos. Hay uno para toda la familia, dos para mami, dos para Sam, ocho para Ford y uno para mí. Vuelvo a mirar debajo del árbol, pero eso es todo. Solo hay uno para mí.

Por un segundo, estoy a punto de enojarme mucho . . .

Luego pienso en abuela creciendo en México. Y en los vagabundos que piden dinero al borde de la carretera. Pienso en que estuvimos sin hogar por una noche y fue horrible. Pero ahora tenemos un techo sobre nuestras cabezas. Y Sam y mami no nos dejarán morir de hambre, aunque tengamos que pasar un rato sin televisión o sin tostadora. Mami no me inscribió en el programa de almuerzo gratis para castigarme. Lo hizo para que yo pudiera comer.

Quizás mami no estaba tan equivocada cuando me llamó malcriado. A ver, ella tampoco tenía toda la razón, pero aun así. Las cosas no son tan en blanco y negro como siempre pensé. Quizás algunas cosas sean grises en algún punto intermedio.

Miro mi regalo y me trago mi ira. Todavía estoy triste, pero me permito estar un poco triste. Porque conozco a muchos niños ricos que reciben muchos regalos durante las fiestas. Un chico judío en mi clase de informática se jactaba diciendo que en su religión tienen Janucá, y que recibe regalos todos los días durante una semana entera.

Puede que no tenga un millón de regalos, pero tengo uno.

Y uno es mejor que ninguno.

¿A quién le importa? Son solo cosas, ¿cierto?

Fuerzo una sonrisa. Luego me concentro en Ford, que sonríe de oreja a oreja mientras rompe el papel de regalo.

Abre primero el más grande, el de toda la familia. Es de abuela. Envió una caja enorme llena de salchichas de verano, quesos sofisticados, galletas saladas, mentas y otras cosas. Hay hasta pretzels cubiertos de chocolate, mis favoritos.

Mami abre sus regalos. Son una pulsera de Sam y un tazón de cerámica que hice en la clase de arte.

Sam abre los suyos. Mami le compró un cartón de cigarrillos mentolados con un elegante encendedor Zippo nuevo. Yo le regalé una caja de madera que le hice en la clase de taller.

Cuando vuelve a ser su turno, Ford abre más regalos y tira periódicos y papel de aluminio por todos lados. Yo le regalé un camión de bomberos con luces rojas intermitentes y una escalera que funciona. Mami y Sam le regalaron un enorme camión de volteo amarillo. Papá Noel le regaló bloques de construcción, algo de ropa y un libro.

Voy a abrir mi único regalo, pero no estoy seguro de qué esperar. La caja es del tamaño de un zapato, pero es muy liviana. La sacudo y escucho un aleteo mínimo. No tengo idea de qué será. Quizás sea algo realmente sorprendente. Arranco el envoltorio y quito la cinta adhesiva de los bordes de la caja. Adentro, hay un cheque dirigido a mí, de mi papá. No de Sam, sino de mi verdadero padre. En la sección "Notas", dice: "¡Cómprate algo divertido!". El cheque es por cincuenta dólares.

—Vino con la manutención —dice mami—. Pensé que sería más divertido si lo envolvía.

Pasa por encima del montón de regalos de Ford y agarra mi media que está clavada en la pared. Saca una cajita y me la entrega.

—¿Qué es esto?

—Ábrelo.

Lo hago, y veo un cheque de mami.

—Es por cincuenta y *un* dólares. —Mami se ríe—. Tenía que darte más que tu papá. Y te prometo que el cheque no rebotará. De hecho, tenemos dinero en nuestra cuenta. Puedes hacer los cálculos.

Abrazo a mami. Ella me devuelve el abrazo y me da un gran beso en la frente.

—Sé que no es mucho, pero aún estamos apretados con el dinero —dice—. Estoy orgullosa de ti por ser tan maduro y comprensivo.

Más tarde, miro a mami, que está sentada en el regazo de Sam, observando a Ford mientras juega. Ford empuja el camión de bomberos y dice: "¡Ni-noo-ni-noo!".

Ford se me sube al regazo y me abraza.

—Gracias por mi camión de bomberos —dice, poniéndome los bracitos alrededor del cuello.

Pronuncia la *m* como una *b*. No puedo evitar reírme.

Entonces Sam dice:

—Rex, te faltó uno. A-allí d-detrás del árbol.

Es como en la película *Una historia de Navidad* que ponen en la televisión.

Me levanto y miro.

—N-no, a la izquierda —dice Sam—. D-detrás del t-televisor.

Mami parece tan confundida como yo.

—Sam, ¿qué es?

En efecto, escondida detrás del televisor hay una caja envuelta en periódico. La miro por todas partes.

—No dice para quién es.

—Es p-para ti —dice Sam—. P-p-pero t-t-tienes que c-compartirlo con tu hermano, ¿de acuerdo?

Arranco el periódico. Es una consola de juegos Nintendo. Ni siquiera es usada. Es completamente nueva. Siento que las piernas se me van a desmoronar. He querido una toda la vida. Todos los chicos de la escuela tienen una. La consola viene con un controlador, una pistola y dos juegos: Super Mario Bros y Duck Hunt. No puedo evitarlo. Chillo, corro hasta Sam y lo abrazo. Lo abrazo de verdad. Corro a abrazar a mi mamá, pero ella está tan sorprendida como yo.

—Sam . . . —comienza.

—Ya está hecho —la interrumpe él, calmado—. T-tiré el r-recibo. P-perdimos su e-equipo. Es lo más justo.

Mami parece enojarse por un segundo.

—Deja que los ch-chicos se lo q-queden —dice Sam—. Ahora ambos t-tenemos t-trabajo. V-vamos a estar b-bien.

Por una vez, mami lo deja pasar. O al menos se esfuerza. Todavía puedo ver en sus ojos que está molesta. Pero no dice ni hace nada durante todo el día.

En materia de vacaciones, estas son las mejores que he tenido.

AÑO NUEVO

Mientras maneja, Sam se pone un cigarrillo mentolado en los labios y lo enciende. Sintoniza una estación de rock clásico y comienza a cantar. Es curioso, no lo había notado antes, pero Sam no tartamudea cuando canta.

Normalmente odio este tipo de música. Pero no digo nada. Sam me lleva a pasar la víspera de Año Nuevo con Ethan, así que no me importa lo que escuche.

Las ventanillas están bajadas y el motor diésel gruñe y retumba cuando nos detenemos ante el semáforo en rojo. Me arde la nariz por los productos químicos para el césped. La parte trasera de la camioneta tiene dos tanques gigantes llenos de mangueras y cajas metálicas de herramientas. La cabina está llena de bolsas vacías de McDonald's, vasos de papel pisados y colillas de cigarrillos. Sam mueve la palanca de cambios y el vehículo se tambalea hacia adelante, haciendo que el herbicida chapotee en los tanques gigantes detrás de nosotros.

Nunca he estado en casa de Ethan, así que no sé qué esperar. Cuando entramos en su vecindario, no puedo creer lo grandes que son las casas. Tienen dos pisos. Algunas tienen pequeñas cascadas en el jardín o portones de metal como en las películas. Vuelvo a comprobar la dirección cuando la camioneta se detiene frente a la casa de Ethan.

—Vaya —me susurro a mí mismo.

Es prácticamente una mansión.

—Gracias por traerme —le digo a Sam.

Pero cuando abro la portezuela para salir, Sam me agarra del brazo.

—Espera. E-este es un césped b-bastante g-grande. ¿Tu amigo se encarga de él o es su p-papá?

No tengo tiempo de responderle antes de que se abra la puerta de entrada. Salen Ethan y su papá. Espero que Sam me deje y se vaya. En cambio, salta de la camioneta y se acerca a ellos.

D-d-dígame —dice, dándole la mano al padre de Ethan—, ¿ya t-t-tiene un especialista en c-cuidado del césped?

Todas las diferencias entre Ethan y yo se hacen evidentes. El padre de Ethan usa mocasines, camisa y corbata. Su sonrisa muestra unos dientes perfectos. Un bonito auto nuevo está aparcado en la entrada. A mi lado, Sam lleva zapatos cubiertos de barro y una camiseta de trabajo manchada de hierba. Fuma un cigarrillo entre sus dientes semiamarillos y tartamudea. Detrás de nosotros está la camioneta de su empresa. Siento una gran pelota de vergüenza en mi interior.

Ethan agarra mi mochila.

—Ven. Deja que los adultos conversen.

Me arrastra al interior de la casa. La sala tiene dos pisos de altura y tiene una escalera curva. Hay fotografías de su familia con marcos dorados colgando perfectamente de las paredes. No hay manchas en la alfombra ni en los muebles blancos. Todo tiene su sitio, pero no está sobrecargado. Hay jarrones con flores frescas por todas partes. Su madrastra se inclina sobre la barandilla del piso de arriba y saluda amistosamente con la mano. Lleva falda, una bonita blusa y un collar de oro. Tiene puesto lápiz labial y está peinada.

—Tú debes ser Rex. ¡Bienvenido! Si deseas algo de comer o de beber, sírvete lo que quieras.

—Gracias.

—Por aquí —dice Ethan.

Hace una señal para que lo siga a la derecha, hacia un espacio gigante con techos abovedados y una enorme ventana que da al jardín. Hay una litera contra la pared del fondo, carteles de cómics por todas partes y una enorme estantería llena de libros. Hasta tiene una computadora en un escritorio en un rincón.

—Lo siento —digo, señalando con la cabeza hacia la ventana, por donde vemos a Sam todavía hablando con el padre de Ethan.

—¿Por qué?

—Por mi padrastro. Tratando de venderle a tu papá servicios de jardinería.

Ethan se encoge de hombros.

—¿Y qué?

—Es vergonzoso.

—Mi papá es contador. Eso es vergonzoso.

—No lo entiendes.

—Entonces explícamelo —dice Ethan.

No sé cómo decirle lo pobre que soy. Que vivimos en un apartamento subsidiado por el gobierno o que obtengo almuerzo gratis. Pero no digo nada y me quedo mirando al piso.

Ethan me da una palmadita en la espalda.

—Sabes que todos los chicos se avergüenzan de sus padres, ¿verdad?

—Sí, pero . . .

—¿Pero qué? —me interrumpe Ethan—. ¿Crees que tu vergüenza es peor que la mía? No te ofendas, pero no eres tan especial. Eres como todos los demás. ¿Tienes problemas con tu padrastro? ¿Y qué? Yo tengo problemas con mi madrastra. Bienvenido a la humanidad.

—Pero ella es muy amable —digo.

—Por delante —dice Ethan, cerrando la puerta de su dormitorio—. Créeme. Es una pesadilla. Definitivamente no le agrado.

—¿De verdad?

—De verdad. Odia a mi madre y, por extensión, me odia a mí. Se la pasó regañándome durante todo el viaje: "Ethan, no pongas los codos sobre la mesa. Ethan, métete la camisa por dentro. Ethan, estamos de vacaciones, ¿no puedes dejar ese libro por dos segundos? Ethan, ¿por qué no puedes sonreír más?". Es agotador.

—Pensé que tenías una vida perfecta —admito—. Te vistes bien, tienes toneladas de cómics y siempre llevas almuerzos caseros a la escuela. Me imaginé que tus padres te debían querer si te los preparan.

—¡Ja! —ruge Ethan—. ¡Yo me preparo mi propio almuerzo!

—¿Ah, sí?

—Sí, tonto. No deberías asumir cosas. Y vamos, nadie tiene una vida perfecta. No existe nada "perfecto". Es solo una idea.

—Nunca lo había visto de esa manera —digo, ponderando lo que eso significa.

—Está bien, basta de hablar de cosas serias —dice Ethan—. Leamos cómics.

Entonces recuerdo lo que traje. Lo saco de mi mochila y se lo doy a Ethan.

—¿Qué es esto? —pregunta él.

—Tu regalo de Navidad. Disculpa que sea tan tarde. Pero es tu propio libro, contigo como héroe. Escribí la historia en la máquina de escribir de mi vecino. Tiene un montón de errores, así que ignora las palabras tachadas.

—¿Qué? ¿Tú hiciste esto?

—Son solo diez páginas —le explico—. Iba a hacerte un cómic, pero no soy muy buen dibujante.

—Dibujar cómics no es nada fácil —me dice Ethan.

—No te lo iba a dar, pero . . .

La voz se me apaga. No quiero admitir que no tenía dinero. Pero Ethan me hizo un regalo y yo tenía que regalarle algo. Así que le hice esto. Entonces le digo:

—Es un poco tonto. Si no te gusta, no pasa nada.

—No —dice Ethan—. ¡Socio, esto es *increíble*!

—Vamos, no es tan bueno —digo.

Ethan me mira a los ojos.

—Sí, lo es. Este es el mejor regalo que me han dado.

Miro alrededor de su habitación. Tiene un baúl lleno de cómics y afiches geniales. Tiene un televisor, un equipo de música con selector de CD y hasta un telescopio. Probablemente reciba todo tipo de regalos interesantes.

—Sí, claro —digo.

—Lo digo en serio. Lo que hiciste... *esto*... esto es un verdadero regalo. No es algo irreflexivo. No te menosprecies. Lo que hiciste es increíble. Me encanta. Gracias.

—Pero no gasté dinero en ello.

—El dinero no lo es todo —dice Ethan—. Créeme. Mi familia tiene dinero, pero eso no significa que seamos felices. Esas fotos familiares con esas sonrisas falsas. Las flores artificiales por toda la casa. La amabilidad de mi madrastra: eso también es falso. Las cosas no siempre son lo que parecen. —Se queda callado un instante y luego agrega—: Hay muchas cosas que no sabes de mí.

—Tú tampoco sabes muchas cosas de mí —digo.

Nos miramos. Ninguno de los dos quiere hablar primero. Entonces ambos nos reímos un poco.

—Vamos —dice Ethan—. Veamos mi colección de cómics.

—Por fin —digo, bromeando.

Y nos reímos un poco más.

ALMUERZO GRATIS

El primer día de regreso a la escuela, todos hablan de los increíbles regalos que recibieron y de las fantásticas vacaciones que tuvieron. Yo no recibí grandes regalos ni fui a ningún lugar elegante. Pero estoy bien con eso. No me encanta mi vida, pero tampoco la detesto.

Las primeras clases pasan lentamente, pero tengo ganas de que llegue el almuerzo para ponerme al día con Ethan. Me pongo en la fila de la cafetería y sé lo que va a pasar. En lugar de enojarme o avergonzarme, simplemente trato de ser feliz con lo que tengo. No es fácil, pero es lo que hay.

Cuando llego a donde está la cajera, no la apuro, ni le grito, ni me molesto, ni me frustro. Solo le digo: "Estoy en el programa de almuerzo gratis. Mi nombre es Rex Ogle".

La anciana se moja los dedos con la lengua y pasa las páginas de la carpeta roja. Por primera vez veo su credencial con su nombre. Me pregunto si la ha usado siempre. Probablemente lo haya hecho, y me siento un poco mal por no haberlo notado antes.

Siempre quise que ella memorizara mi nombre y nunca me tomé el trabajo de aprenderme el suyo. Su nombre es Peggy.

—¿Cómo estuvieron sus vacaciones, Peggy? —le pregunto.

—Ah, de lo mejor. —Sonríe—. Gracias por preguntar.

Peggy hace una marca de verificación en la carpeta roja y dice:

—¿Tuviste un buen fin de año?

Asiento. Lo tuve. Y estoy listo para un nuevo comienzo.

NOTA DEL AUTOR

Acabo de terminar de escribir la historia que acabas de leer. Estoy exhausto, triste y con un poco de náuseas. (No te preocupes, no te voy a vomitar encima). La razón por la que tengo ganas de vomitar, o tal vez simplemente de romper a llorar, es porque todo lo que pasó en este libro me pasó en la vida real. Cada risa, cada almuerzo y cada golpiza sobre los que has leído es el resultado de una profunda inmersión emocional en mi pasado.

Como la mayoría de los chicos que ingresan al sexto grado, me concentraba en los amigos, las calificaciones y las combinaciones de casilleros. Pero también me preocupaban otras cosas: dónde conseguiría mi próxima comida, qué estado de ánimo tendrían mi madre o mi padrastro cuando regresara de la escuela y cuándo los otros chicos descubrirían mi más oscuro secreto: que yo era pobre.

Me aterrorizaba que mis compañeros supieran que mis padres (y, por extensión, yo) recibían asistencia social, utilizaban cupones de alimentos y vivían en viviendas subsidiadas por el gobierno. Además de vivir por debajo del umbral de pobreza federal, también sufría abusos verbales y físicos de forma regular. Odiaba mi vida y me odiaba a mí mismo. No quería que la gente supiera que mi familia estaba tocando fondo porque creía que ser pobre significaba ser *infe-*

rior. Y me sentía profundamente avergonzado por ello. Y peor aún, me sentía terriblemente solo.

Al hacerme adulto, finalmente acepté que mi vergüenza estaba fuera de lugar y que no era el único. En estos momentos en Estados Unidos, 37.9 millones de personas viven en la pobreza. De ese total, más de 6.2 millones son menores de dieciocho años. Según la Oficina del Censo de Estados Unidos, las personas menores de dieciocho años tienen una tasa de pobreza más alta que las de cualquier otro grupo de edad. Eso significa que casi 1 de cada 5 menores en Estados Unidos vive en estado de pobreza.

Y esa estadística ni siquiera tiene en cuenta a aquellos en todo el mundo que también sufren dificultades financieras, incluso mucho peores que cualquier cosa que yo haya experimentado.

La peor parte de vivir así es pensar lo que yo pensaba: que estaba solo, que ser pobre era vergonzoso y que yo valía menos debido a la situación en la que nací. Pero eso no podría estar más lejos de la verdad.

Ningún niño debería sentirse solo. Ni avergonzado. Ni inútil. Los niños necesitan saber que sus circunstancias no son culpa suya.

Como escritor, intenté durante mucho tiempo no escribir sobre mi infancia. Para ser honesto, lo evité activamente. Era demasiado doloroso recordar. Pero en los últimos años me di cuenta de que muy poco ha cambiado en nuestros sistemas socioeconómicos nacionales y globales. En muchos sentidos, estos han empeorado. Esa revelación me hizo sentir que necesitaba escribir esta historia. Escribí *Almuerzo gratis* porque honestamente creo que es una historia importante que debía compartir. No solo por compartir una experiencia vivida y hacer saber a los demás que no están solos, sino para ofrecer una voz de camaradería a aquellos lectores jóvenes que podrían necesitarla desesperadamente.

Sí, la vida puede ser dura: a veces terrible, aterradora e increíblemente dura. Para algunos, puede incluso terminar de manera trágica.

Pero la vida también puede ser bella, maravillosa y llena de alegría. La mayoría de las veces, la vida simplemente oscila entre lo bueno y lo malo.

Si estás pasando por un momento difícil, mi consejo es simple: resiste, dale tiempo y mantente fuerte. No importa cuán malas parezcan tus circunstancias, las cosas pueden cambiar. Y hasta ese momento, nadie podrá quitarte tu don más poderoso: la capacidad de esperar lo mejor.

AGRADECIMIENTOS

Mi primer y mayor agradecimiento es para mi abuela. Desde que tengo uso de razón, ella siempre ha estado ahí para mí de una manera u otra. Ella proviene de un hogar verdaderamente pobre en México, e insiste en que la educación es el único camino hacia el éxito. A lo largo de los años, me ha comprado un sinfín de bolígrafos, lápices, cuadernos, libros y computadoras. Nunca ha dejado de animarme. Gracias, abuela.

También quiero expresar mi gratitud a mi editor, Simon Boughton, quien creyó lo suficientemente en mi historia como para arriesgarse a publicarla. A Véronique Sweet, quien me llevó a conocer a Simon. A Noah Michelson, quien me dejó escribir un artículo para el *Huffington Post* que me dio la confianza que necesitaba para escribir no ficción. Y a Brent Taylor, el primer agente que me hizo sentir como un verdadero escritor.

Un sincero agradecimiento a Tad Carpenter por la cubierta del libro, realmente épica y hermosa.

Un cálido abrazo literario para todo el equipo de Norton que ayudó a darle vida a este libro, incluidos (pero no limitados a) Kristin Allard, por ir más allá; a Laura Goldin; a los correctores que evitaron que pareciera un tonto, y a los equipos de publicidad y marketing por darme promoción. También a los representantes de ventas por poner mi historia en los estantes, a los compradores de libros por apostar por mí y a los libreros por todo lo que hacen. Un agradecimiento muy especial a los bibliotecarios y maestros que siempre brindan esperanza a los niños, simplemente compartiendo historias.

A los que mejor me conocen:

A mi perro Toby, que me brinda una alegría infinita.

A mis amigos (especialmente Joe y RJ) que me hicieron reír cuando lo necesitaba.

A mi pareja, Mark, que gentilmente apoya cada palabra que escribo, me abraza cuando me desmorono después de trabajar en cosas realmente difíciles, y continúa enseñándome que incluso las personas rotas merecen amor, pueden encontrar amor y pueden mantener un amor saludable, si se esfuerzan.

Y a mi hermana, M., que siempre ha estado a mi lado.

PREGUNTAS Y RESPUESTAS CON EL AUTOR

En el libro, Rex pasa mucho tiempo pensando en y describiendo la comida. ¿Cuál era tu comida favorita cuando estabas en sexto grado? ¿Cuál es tu comida favorita ahora?

¡Los tacos crujientes! Quizás sea el texano que hay en mí, pero podía comer tacos todos los días, siempre y cuando no tuvieran tomate. (Me encanta la salsa, pero no soporto los tomates. ¡Imagínate!). Mami nunca cocinaba, pero a veces pasábamos por Taco Bell para comprar un paquete de seis tacos para la familia.

Menciones honoríficas para los palitos de mozzarella frita, el helado y el pastel. Todos esos eran lujos, pero cuando los tuve, fui extremadamente feliz.

De adulto, todavía me gustan los tacos. Me preparo tacos varias veces al mes. Y la mejor parte es que puedo comer tantos como quiera. ☺

¿Cuál es tu serie de cómics favorita? ¿Tienes un superhéroe favorito? ¿Por qué?

¡*X-Men* por siempre! Como puedes leer en el libro, mi mejor amigo me presentó *Uncanny X-Men* y *Los nuevos mutantes*, e inmediatamente me enamoré. Tenían superpoderes asombrosos y vivían aventuras increíbles por todo el mundo (¡y en el espacio!), pero la razón por la que los leía una y otra vez era porque protegían un mundo que les temía y los odiaba.

En ese momento, sentía que los chicos de la escuela y ciertos miembros de mi familia también me odiaban. Tenía una relación especialmente complicada con mi mamá, pero aun así quería ayudarla. No puedo recordar la cantidad de veces que me fui a dormir deseando tener superpoderes, pensando que si los hubiera tenido, tal vez hubiera podido ayudar a otros y a mí mismo.

Mi superhéroe favorito cuando era niño sigue siendo mi superhéroe favorito hoy. Su nombre es Illyana Rasputin, también conocida como Magik. Se teletransporta a través del tiempo y el espacio. Siempre quise tener sus poderes para poder irme lejos. Pero la verdadera razón por la que me identifico con ella es porque pasó su infancia perdida en un reino demoníaco llamado Limbo. A pesar de que vivió cosas horribles, se mantuvo fuerte y siguió luchando por ser una buena persona. Realmente la admiraba por eso.

¿Cuándo supiste que querías escribir?

Cuando era niño, deseaba desesperadamente convertirme en un artista como Gustav Klimt, Alphonse Mucha, Jim Lee o Chris Bachalo. Tomé todas las clases de arte que ofrecía mi escuela y me esforcé muchísimo. Pero nunca fui muy bueno. Un día, una profesora de arte me preguntó sobre la inspiración para mis piezas. Comencé a hacerle una historia muy larga y profunda de alta fantasía. Mi profesora escuchó, sonrió y dijo: "Tienes mucha imaginación. ¿Alguna vez has pensado en escribir?". Hasta me dejó escribir en la clase de arte. Una vez que comencé a escribir, no pude parar.

¿Por qué decidiste contar específicamente la difícil historia de tu experiencia en sexto grado?

Cuando era niño, a menudo buscaba libros sobre personas como yo: pobres, asustadas, lidiando con cosas terribles en casa... No pude encontrar nada que hablara sobre esos temas. Eso reforzó mis sentimientos de vergüenza por quién era y de dónde venía. Como joven escritor, no quería que la gente supiera sobre mi infancia, así que me guardé esas cosas para mí.

Un día, mientras viajaba en el metro de la ciudad de Nueva York, vi a una niña tirar de la manga de su madre y decirle: "Tengo hambre". Su mamá la abrazó, pero no dijo nada. No conocía su situación, pero se me ocurrió que mi historia necesitaba ser compartida. Quería que otros niños supieran que no hay que avergonzarse de tener hambre. Que no están solos. Que hay esperanza.

Podrías haber escrito una versión ficticia de esta historia, pero elegiste escribirla como una autobiografía. ¿Por qué?

Para ser honesto, la primera vez que intenté escribir esta historia, la imaginé como una comedia. Intenté hacer una broma sobre ser pobre y tener una vida familiar difícil. Sin embargo, me sentí mal, como si me estuviera riendo de mí mismo. Pero seguía pensando: "Nadie quiere leer una historia triste". Por suerte, un amigo cercano me dijo: "La gente no siempre necesita reírse. A veces está bien sufrir".

En mi vida personal, creo que "la honestidad es la mejor política". Y eso lo apliqué a mi escritura. Me tomó mucho tiempo escribir el primer borrador, casi dos años, porque era incómodo y me entristecía profundamente volver a esos recuerdos. Sin embargo, cuando terminé, me sentí muy feliz con lo que había escrito.

¿Hubo algo que decidiste omitir?

Omití unas cuantas cosas. No eran esenciales para contar la historia. Por ejemplo, hubo muchas más peleas entre mi padrastro, mi mamá y yo. A veces solo gritaban. A veces fueron más violentos. Pero no creo que fuera necesario incluir todas las peleas para transmitir lo que viví. Quería dar una imagen completa de mi vida. Eso significaba incluir el hogar, la escuela, la familia, las amistades, etc.

Hubo un hilo argumental, muy importante en el desarrollo de quien soy como persona, que saqué del libro por completo (excepto por una sola mención). Quería incluirlo, pero decidí que necesitaba más atención. Por tanto, se ha convertido en el foco central de mi próximo proyecto.

¿Cuáles eran tus libros favoritos en la escuela intermedia? ¿Cuáles son tus favoritos ahora?

Como sabes, me encantaban *X-Men* y *Los nuevos mutantes.* Pero también pasé por una fase de "clásicos", leyendo títulos como *Una arruga en el tiempo*, *El dador*, *El hacha* y *Mujercitas*. Esta fue también la época en que descubrí *Las Crónicas de Narnia*, que adoraba. También leí mucho las series *Los hermanos Hardy* y *La calle del terror*, de R. L. Stine. Realmente comencé a adorar el terror y la fantasía, lo que me llevó a otros clásicos, como *Drácula*, de Bram Stoker, y *Frankenstein*, de Mary Shelley. Luego comencé a leer a Stephen King. Era demasiado maduro para mí en ese momento, pero creo que me ofreció una perspectiva de mi propia vida.

Sigo siendo un ávido lector y me lo devoro todo, desde títulos para adultos hasta libros para niños. Y todavía leo un montón de cómics; algunas de las historias más creativas y únicas están siendo creadas en ese espacio por personas como Jonathan Hickman, Rick Remender y Brian K. Vaughan. Me emociona mucho ver tantas novelas gráficas para jóvenes lectores echando raíces, así que busco todos los títulos de autores como Noelle Stevenson, Raina Telgemeier, Mariko Tamaki y Jeffrey Brown (por solo mencionar algunos). También leo mucha prosa, pero me inclino hacia las novelas juveniles. Mis favoritos incluyen a Jason Reynolds y su serie *Track*, así como *Harry Potter* y (esto no debería sorprenderlos) *Los juegos del hambre*.

Cuando no estás escribiendo, ¿qué te gusta hacer?

¡Siempre estoy escribiendo! (O leyendo.) Jaja. Cuando me tomo un descanso ocasional, disfruto mucho hacer senderismo con mis amigos y mi perro. Normalmente voy a excursiones a la naturaleza en grupos grandes una vez por semana. También nos gusta jugar videojuegos y juegos de mesa. Creo que es una buena manera de reírte con tus amigos y vivir una aventura que te saque de ti mismo. Para relajarme, también me gusta cocinar. Cuando era niño, comíamos mucha comida chatarra y comida rápida. Cuando fui creciendo, me di cuenta de que necesitaba cuidar más de mi cuerpo. Así que hago mis propias compras y trato de equilibrar mi dieta con ensaladas saludables y comidas orgánicas. Aunque todavía tengo debilidad por las galletas y los pasteles.

Si pudieras decirle algo a todos los que lean tu libro, ¿qué sería?

"Si tu historia es similar a la mía, o incluso si no lo es, sea lo que sea por lo que estés pasando, NO ESTÁS SOLO". Cuando era niño, siempre sentí que lo estaba. A veces todavía me siento así. Es el peor sentimiento del mundo. Pero ninguno de nosotros está realmente solo. Hay personas y servicios que pueden ayudarnos. A veces simplemente tenemos que acercarnos a ellos. También añadiría: "Está bien vivir por debajo del umbral de pobreza. No te hace menos que los demás. Simplemente te hace diferente. Y ser diferente está bien". El estigma de ser pobre en nuestro país puede resultar abrumador. Pero ningún niño debería sentir que vale menos debido a la situación en la que nació.

¿Qué sientes sabiendo que tu historia personal está disponible para que cualquiera la lea?

Resulta muy aterrador y a la vez muy emocionante que mi historia esté disponible para el público. Mi única esperanza verdadera es que ayude a alguien (aunque sea solo a un puñado de personas) y les permita saber que no están solos y que no pasa nada si eres pobre. Eso no te define.

La primera parte de sexto grado fue una época muy difícil para ti. ¿Cuándo y por qué las cosas empezaron a ser más fáciles?

No hubo un solo momento decisivo, pero sospecho que fue cuando me di cuenta de que tenía que dejar de concentrarme en todas las cosas que no tenía y comencé a concentrarme en todas las que sí tenía. Tenía un techo sobre mi cabeza, ropa y comida, aunque no siempre fuera mucha. Eso es más de lo que mucha gente tiene, así que traté de estar agradecido por ello. Por supuesto, era fácil olvidar estas grandes revelaciones cuando quería lucir chévere frente a los demás.

¿Crees que exista en realidad un almuerzo gratis?

Esa es una muy buena pregunta. Una parte de mí quiere decir: "¡Nada es gratis!". Pero creo que ese es el fantasma de mi antiguo yo. A lo largo de mi vida, me han invitado a muchas comidas y yo he invitado a otros, y sin ningún motivo. Nunca fue porque quisiera algo. A veces, la amistad y la buena conversación son suficientes para querer compartir una comida con alguien.

¿Puedes contarnos más sobre la amistad de Ethan y Rex? ¿Cómo se ayudaron mutuamente?

No puedo hablar por Ethan, pero para mí esa amistad fue invaluable. Él me enseñó lo que era la verdadera amistad. No se trataba de usar la ropa adecuada o decir las palabras correctas. Se trataba simplemente de ser fiel a mí mismo. Leíamos cómics, hablábamos de filosofía, nos apasionaba la ciencia ficción. (Él era fanático de *Star Trek*, mientras que yo adoraba *Star Wars*). Ethan no me juzgaba, lo cual era un rasgo sorprendente en alguien tan joven. También me enseñó a juzgar menos a los demás y a mí mismo.

Han pasado varios años desde que estuviste en la escuela intermedia. ¿Crees que hoy es más fácil transitar el sexto grado? ¿O crees que es más difícil?

¡Definitivamente no es más fácil! Creo que la escuela intermedia siempre será una época difícil para la gente. Hay que hacer mucho malabarismo (escuela, tareas, amigos, familia), sin mencionar que nuestros cuerpos y mentes cambian muy rápido a esa edad. En todo caso, probablemente ahora sea más difícil estar en la escuela intermedia. Sospecho que la tecnología y las redes sociales hacen que sea más fácil conectarse, pero también más fácil quedarse en casa en vez de pasar tiempo con la gente en la vida real. Además, eso te quita algunos elementos clave de la privacidad. Los niños pueden ser crueles y las redes sociales se lo ponen más fácil a los agresores si quieren avergonzarte o decir cosas hirientes. ¡Me imagino que si *Almuerzo gratis* ocurriera en la actualidad, mi historia ya estaría en línea, lo quisiera o no!

¿Tienes una escena favorita en el libro? ¿Por qué es tu favorita?

Hay dos capítulos especiales para mí. El primero es "Moretones". Definitivamente es uno de los capítulos más oscuros, pero me pareció una imagen perfecta de mi infancia. El camino a casa desde la escuela, la superstición de pisar una raya y mi preocupación por una madre que no parecía muy preocupada por mí. Y luego está el momento en su habitación. Esa revelación de la falta de color en su vida fue muy deprimente y perturbadora para mí cuando era niño. Siempre me ha perseguido.

Mi segunda escena favorita es mucho más feliz, en "Árbol de Navidad". Fue una de las primeras veces que mi familia se sintió normal. Salir a comprar un arbolito, oler los diferentes tipos, intentar decidir cuál tenía la forma perfecta. Y, por supuesto, la broma de "tira de mi dedo" de mi padrastro resultó contraproducente. A mi editor no le gustaba esa escena, pero quise conservarla porque es uno de esos momentos que me hizo reír mucho en los años venideros. Creo que es bueno recordar lo malo con lo bueno y lo bueno con lo malo. La vida rara vez es completamente una cosa o la otra, por lo que es bueno aceptar ambas.

¿Estás trabajando en algún libro o artículo nuevo?

Estoy trabajando en algunos proyectos diferentes. La mayoría tiene un tono más ligero o está impregnada de fantasía o ciencia ficción. También escribo muchas novelas gráficas (bajo varios seudónimos). Pero el proyecto que más me enorgullece es una especie de secuela de *Almuerzo gratis*. Se llama *Punching Bag* y examina más de cerca la violencia doméstica. El abuso es un tema terrible y no es fácil hablar de él, especialmente para los lectores más jóvenes, lo que hace que ahora resulte aún más importante para mí. Las estadísticas muestran que las mujeres y los niños están expuestos a la violencia doméstica con más frecuencia de lo que la mayoría podría pensar. Es horrible ver los números. Y por eso realmente creo que es otra historia importante que debo contar.

¿Tienes algún consejo de escritura o alguna sugerencia que compartir?

¡No te rindas! Jaja. Digo esto porque escribir es definitivamente algo con lo que debes comprometerte. Especialmente si quieres escribir un libro completo. Lo que he aprendido a lo largo de los años es que escribir es como entrenar para un maratón. No te despiertas un día y de repente puedes correr veintiséis millas. Hay que practicar y entrenar. Eso significa que tienes que ir poco a poco. Tal vez un día corras media milla. Luego una milla completa. Luego dos millas. Tienes que prepararte para correr largas distancias. Pero si continúas así y trabajas duro, antes de que te des cuenta, habrás escrito un libro completo. Y si eres como yo, una vez que hayas terminado el primero, ¡tendrás muchas ganas de comenzar el segundo!

GUÍA DE DISCUSIÓN

1. En "Cupones", Rex se siente mal por el carrito roto del mercado y decide usarlo. ¿Por qué toma esa decisión?

2. En "Cupones", ¿qué quiere decir Rex cuando dice: "Pero por alguna razón, las cosas cuestan mucho más cuando eres pobre"?

3. ¿Por qué la Sra. Winstead, la profesora de inglés de Rex, llega a la conclusión de que él no puede estar leyendo una novela de mil páginas? ¿Qué nos dice eso sobre ella?

4. ¿Por qué crees que a Rex le gusta leer historias apocalípticas ("Lectura libre")?

5. En "Conejo blanco", ¿por qué Rex oculta sus muñecos de acción del hermano mayor de Benny? ¿Por qué le gusta andar con Benny, que es dos años menor y juega con muñecos?

6. Rex se pregunta si él es un conejo o una serpiente en "Conejo blanco". ¿Cuál crees que sea? ¿Estás de acuerdo con él en que la mayoría de los niños son conejos? ¿Por qué?

7. ¿Qué opinas del argumento de la madre de Rex de que mentir sobre un mal servicio está bien porque le permite recibir comidas gratis de empresas de comida rápida megarricas ("Comida rápida")?

8. ¿Por qué crees que a Rex le molesta tanto la avispa que no puede encontrar la salida del apartamento ("Insectos")?

9. Rex pasa gran parte de su tiempo cuidando a Ford, su hermano pequeño, y se siente responsable de él. ¿Crees que hay formas en las que Ford también se ocupa de Rex? ¿Cuáles son algunos buenos momentos que comparten juntos?

10. La comida juega un papel importante en esta historia. ¿Por qué? ¿Qué notaste sobre las descripciones de la comida de Rex?

11. En "Superhéroes", Ethan le pregunta a Rex: "Pero si los buenos matan, ¿cuál es la diferencia entre ellos y los malos?". ¿Cómo le responderías a Ethan?

12. En "Pavo", Rex dice sobre su madre: "Su locura es contagiosa". ¿Qué crees que quiere decir cuando dice esto?

13. ¿Alguna vez un adulto (un maestro, el padre de un amigo) te ha juzgado por tu apariencia? ¿Cómo se siente? En "Ortografía", Rex encuentra una manera constructiva pero directa de expresar su frustración con las suposiciones de la Sra. Winstead sobre él. ¿Por qué crees que perdona tan rápido a la Sra. Winstead después de que ella se disculpa?

14. La madre de Rex siempre parece estar limpiando, ya sea pasando la aspiradora, lavando la ropa y planchando o fregando la cocina. ¿Qué dice eso sobre ella? Rex cree que le encanta limpiar y odia los gérmenes. ¿Por qué otra razón podría estar limpiando?

15. ¿Por qué crees que Ethan se hace amigo de Rex? ¿En qué se diferencian él y Rex? ¿Y qué tienen en común ("Árbol de Navidad")?

16. Rex pasa la mayor parte de la historia preocupándose por todo lo que no tiene, sea ropa, comida o padres cariñosos. Sin embargo, antes de recibir su regalo la mañana de Navidad, decide pensar en lo que sí tiene. ¿Cómo podría ayudar esto a Rex en el futuro?

17. Rex tiene una relación complicada con su padrastro, Sam. ¿Por qué crees que Sam le da a Rex el regalo sorpresa de Navidad? ¿Qué significa esto para Rex?

18. La abuela no aparece muy a menudo en la historia, pero sigue siendo un personaje importante. ¿Cuál es su influencia en Rex? ¿Cómo influye ella incluso cuando no está con él?

19. Al final de la historia, ¿cuál es el personaje que más ha cambiado?

20. "No existe el almuerzo gratis" es un dicho común. ¿Qué crees que signifique eso? ¿Crees que Rex siente que el programa de almuerzo gratis de la escuela es realmente gratuito?

GUÍA DE ESCRITURA

La vida puede ser fantástica, llena de diversión y risas, pero también puede ser difícil y abrumadora. Como quiera que sea tu vida, puedes intentar escribir sobre ella. Convertir los pensamientos en palabras y las palabras en historias puede ayudarte a que la vida se sienta un poco más liviana. Sé que cuando escribo, las cosas empiezan a tener un poco más de sentido.

Escribir se trata de organizar tus sentimientos y tomarte un momento para reflexionar. No siempre es fácil escribir sobre las cosas malas. Pero después de hacerlo, siempre me siento mejor y es bueno sacarte cosas de adentro. A continuación, te ofrezco algunos consejos para escribir tus propias historias sobre lo que sucede en tu vida.

¿SOBRE QUÉ QUIERES ESCRIBIR?

Tal vez quieras escribir sobre algo malo que te sucedió en el pasado o algo feliz que te sucedió hoy. Tal vez simplemente quieras compartir la esperanza de que algo te suceda en el futuro. No hay ninguna respuesta incorrecta.

¿CÓMO QUIERES ESCRIBIR TU HISTORIA?

A continuación, debes decidir cómo quieres escribir. ¿Quieres escribir poesía o prosa? ¿Quieres que la historia sea desde tu punto de vista o quieres contarla desde la perspectiva de una tercera persona? Recuerda, esta es tu historia. ¡Tú creas las reglas!

¿DÓNDE (Y CUÁNDO) TIENE LUGAR ESTA HISTORIA?

Esto es importante porque querrás que el lector "vea" el entorno al leer. Si la historia se desarrolla en la playa, describe la arena y la sal en el aire. Si tiene lugar en el espacio, asegúrate de que tu héroe use un traje espacial. Si tiene lugar en la época de los cowboys, tal vez tu héroe deba montar a caballo.

¿CUÁL ES EL PRINCIPIO, EL MEDIO Y EL FINAL DE TU HISTORIA?

Si es una historia larga, quizás quieras imaginar cómo luciría un "avance". Escribe esas ideas. ¿Hay mucha acción? ¿O es una historia más personal? Mapea lo que sucede de principio a fin.

¡HAZ UN RESUMEN!

Este podría ser el consejo más importante que puedo ofrecer. Si escribes un resumen primero, te ayudará en el camino, porque podrás saber en qué dirección vas. Cuanto más trabajo hagas antes, menos tendrás que hacer después.

¡EMPIEZA A ESCRIBIR!

Ahora es el momento de empezar a escribir. Esta parte será la que llevará más tiempo, pero no te apresures ni te estreses con cada palabra u oración. Si te sirve de ayuda, deja que salga y anótalo todo.

SÉ HONESTO.

Esto puede parecer fácil, pero en realidad puede resultar muy difícil. La primera vez que intenté escribir mi historia, quería ser la persona más agradable del libro. Pero eso no era del todo verdad. Para ser honesto, a veces tuve que mostrar que mi personaje era un idiota. A veces la gente mala es agradable y a veces la gente buena se porta mal. Nadie es cien por ciento malo o bueno. La verdad se encuentra en algún punto intermedio.

LOS CINCO SENTIDOS.

Cuando escribes una historia, quieres pintar un cuadro para el lector. La mejor manera de hacerlo es abordar los cinco sentidos. Si tu personaje principal entra a un jardín, ¿a qué huele? ¿Cómo se siente el sol en su piel? ¿Hay algún sonido? Mientras más información sensorial puedas agregar, más realista será para el lector.

CUANDO TERMINES . . . ¡TÓMATE UN DESCANSO!

Una vez que hayas escrito tu historia, tómate un tiempo libre. Date una palmadita en la espalda y regálate algo divertido. Cuando estés listo, vuelve al trabajo. Estará esperándote.

REVISA.

Este es el momento en que lees y haces las correcciones. Primero, haz una edición creativa. Eso significa que debes concentrarte en la historia y en la forma en que la escribiste. ¿Tienen sentido todas las oraciones (y párrafos)? ¿Estás diciendo lo que querías decir? ¿Hay algún detalle que puedas agregar para que la historia parezca más profunda o más realista?

Una vez que hagas eso, dale una nueva pasada y revisa si hay errores de ortografía y puntuación. Si encuentras muchos, no te autoflageles. Cuando escribo, todavía confundo palabras. Muchas veces escribo tan rápido que cometo errores tontos de ortografía. Ningún escritor es perfecto.

NO TENGAS MIEDO AL RECHAZO.

Compartir tus textos puede ser la parte más aterradora de todo el proceso. No pasa nada si estás nervioso. Si no quieres compartirlos, si quieres mantenerlos en secreto, también es válido. Algunas historias pueden ser solo para ti. Si decides compartir tu obra, recuerda que no solo es difícil escribir sobre momentos difíciles; también puede ser difícil leer sobre ellos, especialmente para las personas que los vivieron. Lo más importante es elegir un lector en quien confíes y con quien te sientas seguro. Puede que no sea un miembro de la familia (ciertamente no lo habría sido para mí), así que ten cuidado con eso. ¡Tu seguridad es lo más importante!

SÉ RECEPTIVO CON LOS COMENTARIOS.

Si compartes tus textos, prepárate para escuchar las ideas y opiniones de las personas. Algunas personas pueden ofrecer "críticas constructivas", lo que significa que sus críticas son para ayudar. Sus consejos pueden ser terribles, pero también pueden ser fantásticos. Simplemente mantente abierto a nuevas ideas.

Recuerda, a algunas personas les encantará tu historia y a otras no, y eso está bien.

CONSEJO FINAL.

Si quieres conocer la clave para ser un gran escritor, es realmente muy simple: ¡LEE, LEE Y LEE! Cuanto más leas los libros de otras personas, mejor serás creando y dando forma a tus propias historias. Después de todo, los mejores escritores son grandes lectores.

MUCHA SUERTE,
REX OGLE

RECURSOS

Las direcciones web que aparecen en este libro reflejan enlaces existentes en la fecha de la primera publicación. No se debe inferir ningún respaldo a o afiliación con ningún sitio web de terceros. W. W. Norton & Co., Inc. no es responsable del contenido de terceros (sitios web, blogs, páginas informativas u otros).

Si tú o alguien que conoces está pasando hambre, depresión, ansiedad o violencia doméstica, es bueno que sepas que *no estás solo* y que *puedes recibir ayuda*. Hay personas que están capacitadas para escuchar sin juzgar y conectarte con los recursos o la información que necesitas.

A la fecha de redacción de este libro, los servicios que se enumeran a continuación son gratuitos y están disponibles las 24 horas del día, los 7 días de la semana, los 365 días del año. La información que he incluido aquí proviene de Internet (lo que significa que no tengo experiencia personal con cada una de estas organizaciones y no puedo garantizar los resultados), pero espero que esta lista sea un punto de partida útil.

Hunger Free America

Recurso para personas o familias que buscan información sobre cómo obtener alimentos y conecta a las personas que llaman con proveedores de alimentos de emergencia, programas de asistencia y servicios sociales en su comunidad.

1-866-3-HUNGRY (en inglés)
1-877-8-HAMBRE (en español)
www.hungerfreeamerica.org
www.hungerfreeamerica.org/food-map

Administración de servicios de salud mental y contra la adicción

Proporciona servicios gratuitos y confidenciales las 24 horas del día, los 7 días de la semana, para personas o familias que enfrentan trastornos mentales o por uso de sustancias.
1-800-662-HELP (4357)
www.samhsa.gov/find-help/national-helpline

Línea de vida nacional para la prevención del suicidio

Brinda apoyo confidencial, gratuito y las 24 horas del día, los 7 días de la semana a personas con angustia emocional o crisis suicida.
1-800-273-8255
www.suicidepreventionlifeline.org

Línea nacional para violencia doméstica

Proporciona herramientas que salvan vidas y apoyo inmediato para permitir que las víctimas encuentren seguridad y vivan una vida libre de abuso.
1-800-799-SAFE (7233)
www.thehotline.org